있어 거기 내가

- 영화이야기

오경자

교음사

작가의 말

인생의 축도이며 한 시대의 기록

누구에게나 취미 몇 가지쯤은 있기 마련이다. 학생 시절 취미가 무엇이냐고 묻거나 기록해야 할 때는 으레 독서라고 썼다. 어느 날 선생님이 독서는 취미로 하는 일이 아니고 당연히 해야 하는 일이라고 일침을 놓으셨다. 그래도 특별히 할 수 있는 게 없던 터라 독서라고 계속 써왔다. 영화는 재미있고 좋았지만, 학생은 영화관 출입이 금지되어 있고 어쩌다가 단체관람으로 전교생이 함께 가는 일 이외엔 불가능한 일이 영화 감상이었다. 요즘처럼 집에서 영화를 볼 수 있는 일은 언감생심 상상도 하지 못했던 시절을 살았다.

더 어렸을 때는 6.25전쟁 후라 마음을 달래주려고 그랬는지 어쨌는지 가끔 여름밤이면 학교 운동장에 스크린을 펼쳤다. 모기의 극성도 마다않고 상태가 매우 열악한 영화

감상도 감지덕지 즐겼다. 대학생이 되면서 마음껏 영화를 볼 수 있게 되었으나 주머니 사정이 가벼우니 욕심껏 다 볼 수가 없었다. 그때는 약간 지난 영화를 두 편씩 상영해 주는 극장이 있어서 동시상영이라는 그 기회를 놓치지 않고 찾아다니려 애쓰기도 했다. 또 연속상영을 할 때 그대로 앉아서 같은 영화를 두 번을 보고 나오기도 했다. 알량한 영어회화 공부를 하겠다고 처음은 영화를 몰입해서 보고 두 번째는 대사에만 집중해서 속으로 따라 해 가면서 열중하곤 했다.

이런 풋풋한 시절에 보았던 영화는 감상문 같은 걸 써 놓지 않았다. 어른이 되어서 글을 쓰기 시작하면서도 영화를 보면 단상 정도만 적어 놓았지 본격적으로 형식을 갖추어 쓰지 않았다. 그러던 어느 날 문득 영화를 보고 와서 그 느낌을 적어두고 싶어졌다. 그걸 아주 늙은 후에 꺼내 보면서 그 기분을 불러들여 즐기고 싶다는 생각이 떠올라서이다.

  영화 이야기를 한 권으로 펴낼 수 있게 되어 기쁘다. 그 영화를 보신 독자는 그때를 떠올리며 즐거울 수 있으면 좋겠다. 미처 못 보신 분들은 영화를 본 듯한 기분으로 감상하는 간접체험의 장이 될 수 있기를 바란다. 영화야말로 우리 인생사의 축도 중의 축도이다. 바로 내가 그 주인공이 되고 거기 바로 내가 있기에 함께 웃고 울 수 있는 것 아니겠는가? 게다가 그 시대상을 진실되게 담고 있어 역사의 기록자이기도 해서 더욱 사랑을 받는 것이라 생각한다. 거기서 한 걸음 더 나아가 시대상을 대변하며 미래를 내다볼 수 있게 하는 시사성과 선도적 역할까지 하고

있어서 사람들은 영화에 몰입하는 것이라 본다.

작은 책이지만 동시대를 살면서 함께 웃고 우는 이웃으로서 같은 울림을 느낄 수 있기를 간곡히 바라며 독자들 앞에 한 권의 책을 용감하게 들고 나아간다.

창작준비금에 애써주신 이민호 선생과 정성껏 책을 펴내주신 교음사의 강병욱 대표와 류진 편집국장께 고마운 인사를 드린다.

2024년 11월 저자 **오경자**

차례

작가의 말

1

타워 … 16
21세기 레미제라블 … 20
부산행 … 25
터널 … 27
피에타 … 29
7번방의 선물 … 34
덕구 … 39
싱글 라이더 … 42
럭키 … 46
베테랑 … 48

2

기생충 … 52
설국열차 … 56
늑대소년 … 61
마리 이야기 … 66
발칙한 청춘 … 68
예수님 어떤 게 먼저예요 … 72
밀정 … 76
암살 … 78
군함도 … 81
인천상륙작전 … 87

3

귀향 … 92
파종 … 96
파리로 가는 길 … 102
태풍이 지나가고 … 106
남과 여 … 108
내 사랑 … 111
우리도 사랑일까? … 116
리스본행 야간열차 … 119
아무르 … 124
동주 … 127

4

덕혜 … 130
상의원 … 134
사도 … 137
명량 … 140
나랏말싸미 … 144
말모이 … 150
사랑은 낙엽을 타고 … 157
오징어게임 … 159
건국전쟁 … 164
못난 질투심 … 168

1

타워
21세기 레미제라블
부산행
터널
피에타
7번방의 선물
덕구
싱글 라이더
럭키
베테랑

타워

– 목숨을 내놓을 수 있겠느냐

　사람이 살아가는 동안에 여러 가지 도리가 있고 옳은 길, 책임감, 사명 등이 있지만 그런 가치관을 자신의 목숨과 맞바꿀 수 있는 일은 쉽지도 않고 흔치도 않다. 배우거나 가르칠 때 그런 덕목을 귀하게 생각하고 실천해야 한다고 다짐하지만, 막상 자기 앞에 그런 선택의 기로가 놓이면 어떻게 할까? 선뜻 자신의 목숨을 내놓을 수 있는 사람이 있을까? 바로 너는 어떻게 하겠느냐고 묻는다면 나는 양심껏 대답할 수 있다, 목숨은 내놓지 못할 것이라고. 누구에게나 목숨은 하나뿐이고 그에게는 사랑하는 처자식, 부모 등 자신의 어깨에 매달려 있는 가족이 있기에 더욱 자유롭게 선택하기 힘들어질 것이다. 이 세상에 인명만큼 소중한 것이 또 있을까?

없다. 하지만 군인 경찰관 소방관 같은 국민의 목숨을 직접 지켜야 하는 공공성이 강한 직책의 경우 이런 기로에 서서 선택을 할 수밖에 없는 절체절명의 순간에 내몰리게 되는 경우가 많다.

여의도의 쌍둥이 고층빌딩에서 화재가 발생한다. 최고급 주상복합건물인 이곳에 세칭 영향력 있는 사람들이 많이 입주해 있는 데다 크리스마스이브의 파티에 고위급 유명 인사들이 대거 참석해 있던 중에 일어난 화재 사고는 또 다른 각도의 문제를 안고 전개된다. 소방관들이 화재 현장에 진입해서 과학적이고 원칙적인 진화작업에 들어가지만, 고위직 최고 책임자가 현장에 도착하면서 상황은 달라진다. 아무아무개가 입주해 있는데 그 집을 먼저 구해야 하고 파티장을 우선적으로 안전하게 구해내야 한다는 지시를 내리고 있는 그에게 일선 소방관의 원칙적인 제언은 맥을 못 추고 무너진다. 게다가 건물주가 건물 전체의 피해 확대를 막기 위해 고층에 남아있는 사람들의 구조를 무시한 채 건물 중간의 방화벽을 내려버림으로써 수많은 사람이 고립된다.

그런 와중에서 소방관들은 불 속에 뛰어 들어가 사람들을 구해 내기에 여념이 없다. 그때 그 소방관들 앞에는 자신의 목숨의 안위 따위는 그림자도 찾을 수 없다.

어린이를 구출하기 위한 희생적이고 헌신적인 구조활동을 보면서 눈시울을 적시지 않을 수 없다. 화면 가득 출렁이는 아비규환의 화재 현장을 보면서 전율에 떨지만, 소방관들은 온몸을 던져 화마 속의 인명을 구해 내기에 여념이 없다. 그러는 동안 건물의 붕괴위험을 제기하며 그때 일어날 수 있는 주변 건물의 붕괴 도미노 현상의 예상화면을 보면서 건물의 폭파를 지시한다. 최대한 시간을 연장하면서 한 명이라도 더 구해내고자 안간힘을 쓰는 소방관들의 사투는 바로 성자의 모습이다.

  어린이를 구해내는 와중에서 건물 폭파를 위해 시한폭탄을 장치한 후 안전지대로 나온 후 불을 붙여야 하는 리모컨을 떨어뜨린다. 그것을 모른 채 아이만 구하고 폭파장치를 마친 후에서야 리모컨을 잃어버린 사실을 알게 된 소방관 설경구는 자신이 직접 불을 붙이고 건물과 함께 자신이 폭파당해야 하는 엄청난 결정을 해야 하는 운명의 신 앞에 선다. 자신이 살려면 폭파장치에 점화하기를 포기하고 그냥 자신만 빠져나오면 되는 것이다. 그럴 경우 여의도 전체는 이 건물의 자연붕괴에 따른 주변 건물의 붕괴 도미노 현상에 따라 쑥밭이 될 것이다.

  공익이라는 것을 앞세운 사명감, 책임감, 지시에 대

한 복종 등을 따를 경우 자신의 목숨은 콩가루로 사라질 것이다. 결심을 한 주인공 설경구는 휴대전화를 꺼내 아내에게 마지막 전화를 건다. 미안하고 사랑했다고 잘 살라고, 의연한 목소리의 전화에 아내는 남편이 전화를 걸어온 일의 생소함에 별일이라고 웃었을 것이다. 담담히 점화 점에 불을 붙이는 장면은 숙연함이라는 말 이외에 다른 말이 생각나지 않는 장면이다. 그의 살신성인의 헌신이 여러 사람을 살리고 아내는 절규하며 주저앉는다.

   진화작업과 구조활동 도중 유명 고위직 인사의 집을 꼭 구해야 한다는 지시에 따라 그 집을 구해 내는 장면에서 철딱서니 없는 그 집의 부인이 강아지까지 챙겨 들고 나온 후 잘 구했느냐는 사령탑의 전화에 "그래 안전히 구했다. 개새끼까지, 이 새끼들아!"라고 외치던 목소리가 귀에 맴돈다. 남녀의 사랑과 인간애 넘치는 구조 장면과 여러 가지 에피소드들이 이 영화의 감칠맛을 내게 하는 구성요소들이지만 설경구의 헌신적 임무수행과 인간애 앞에서는 빛을 잃을 수밖에 없다.

   '너 같으면 그럴 때 목숨을 내놓는 결단을 할 수 있겠느냐?' '아니오 저는 못할 겁니다. 분명히.'

2013. 1.

21세기 레미제라블

거대한 파도 속에서 필사적으로 배를 끌어올리는 군상들의 첫 장면부터 범상치가 않다 배경음악 '고개 숙여(Look down) 고개 숙여!'가 이상하게 사람을 압도하는 기분이다. 그것은 노래이기보다는 차라리 그들의 절규요 신음소리다. 어린 시절 읽었던 장발장이 아니다. 19세기 초 프랑스 사회의 어두운 면과 부조리를 배경에 짙게 깔고 젊은이들을 중심으로 한 시위대의 항쟁에 맞물려 돌아가는 사건의 전개가 전편을 역동적인 감동으로 끌고 가는 데 성공했다.

시위군중의 합창은 저절로 따라 부르게 하는 흡인력을 갖고 있다. 24601의 죄수 번호를 던져 버리고 새 사람으로 거듭난 장발장은 시장으로 경영인으로 새로운 세상을 살게 되지만 추격자, 끈질긴 경찰관 자베르와의 우연한 만남은 진정 애꿎은 운명이었다고 말할 수밖에 없다.

　전과자이며 요주의 인물이라는 꼬리표가 붙은 그는 일자리는 고사하고 하룻밤 묵을 곳을 찾기도 어려운 처지이다. 밤에 찾아든 그에게 기꺼이 후히 먹여주고 재워 준 수도원의 성물 중 귀한 은잔을 훔쳐 도망가다 잡혀 온 장발장에게 오히려 왜 내가 함께 선물한 은촛대는 빠뜨려 놓고 갔느냐며 그것까지 챙겨서 들려주면서 위기를 모면하게 해 준 사제의 사랑이 그의 영혼을 깨운다.

　마들렌이라는 이름의 새 사람으로 변신해 성공적 삶을 살아가는 장발장 앞에 8년 만에 나타난 자베르는 그의 모습에서 죄수 24601번을 기억해 내고 협박하며 추격한다. 극구 부인하는 그에게 어느 날 장발장이 잡혔다는 본청의 연락을 받았으니 그동안 오해에 대해 사죄한다면서 그동안의 무례에 대해 용서를 빌었다. 자유로워질 수 있다는 기쁨과 무고한 사람이 자신 때문에 희생양이 되는 것에 대한 죄책감 사이에서 고뇌하는 장발장은 '나는 누구냐'고 외치며 괴로워하다가 제 발로 찾아가 자신의 정체를 밝히고 그동안의 기득권을 다 버린 채 또 잠적한다.

　그 일로 그는 아이 하나를 찾아 나선다. 무심코 아랫

사람에게 맡겼던 인사처리의 희생물이 된 여공 판틴의 파멸과 죽음을 보게 되면서 죽어가는 그에게 한 약속을 지키기 위해서였다. 그는 약속한 대로 그녀의 어린 딸 코제트를 찾아내고 헌신적으로 돌보며 키워낸다. 그러는 8년 동안에 평생 그림자처럼 그 앞에 나타나는 경찰 자베르는 경감이 되었고 시위대 섬멸과 장발장의 체포라는 두 마리 토끼를 쫓느라 혈안이 되었다. 코제트를 위해서 살아야 할 숙명을 받아들이고 영국으로 도피할 결심을 한 그의 앞에 코제트의 연인 마리우스를 살려내야 하는 절체절명의 순간이 온다. 시위대의 핵심인 그 청년은 자베르가 이끄는 진압대에 의해 섬멸될 수밖에 없는 열세에 처해 있었고 자베르는 시위대를 위장하고 숨어 들어왔다가 어린아이의 폭로로 정체가 드러나 시위대에 체포되어 처형을 기다리게 되었다. 자베르의 처형을 자신에게 맡기라며 끌고 간 장발장은 자베르를 풀어준다. 너는 네 임무에 충실했을 뿐이니 죄가 없다면서….

 그 운명의 새벽에 대포사격으로 시위대를 전멸시킨 자베르는 질펀한 핏물 위에 너부러진 시체 사이를 빠져나와 시위대의 점거지 바리케이드 위를 걸으며 장발장이 자신을 왜 살려주었는지 그 의미를 찾아 헤매다가 영혼의 소리를 듣게 된다. 법을 지켜야 한다는 그의 신념이 인간의 사랑에 허물어져 내리면서 그의 발은 허공을 딛고 센강에 빠진다. 사제는 장발장의 영혼을 구했고 장발장은 그 보은으로 자베르의 영혼을 구한 것이다.

자베르의 죽음을 모르는 장발장은 쫓기는 상황에서도 시체 더미 속에서 코제트의 연인 마리우스를 찾아내서 하수구를 통해 필사의 탈출에 성공하여 죽음의 문턱에서 그 청년의 목숨을 건져낸다. 회생한 청년에게 자신의 신분이 도망자이고 자베르가 자신을 쫓고 있음과 코제트에게는 밝힐 수 없었던 심정을 전하고 코제트를 부탁한다. 코제트의 혼인이 성사되자 장발장은 잠적한다. 혼인식 날 자신을 살려낸 은인이 바로 장발장임과 수도원에 칩거 중임을 아울러 알게 된 마리우스는 신부 코제트와 함께 수도원으로 달려간다.

이미 판틴의 손에 이끌려 하늘로 떠나는 장발장을 한 쌍의 신혼부부가 이승에 더 붙들어 두기에는 시간이 너무 지나버렸다.

뮤지컬로 제작된 이 영화는 전편을 흐르는 아름답고 장엄한 멜로디가 감동적이며 스펙터클한 화면과 역동적인 전개가 인상적인 작품이다. 자베르의 신념을 중심으로 한 가치관의 충돌에서 오는 갈등과 그 감정의 깊은 묘사가 많이 다루어지지 않은 것이 옥의 티라 할 수 있지만 3시간에 가까운 시간이 전혀 길게 느껴질 틈이 없이 계속 눈을 뗄 수 없는 수작이다.

제목처럼 각양각색의 비참한 사람들의 이야기를 전편에 펼치고 있고 2세기 전의 참상이 아직도 우리 주변에 그대로 있다는 현실이 깊은 공감을 이끌어 내고 있다. 우여곡절 끝에 사창가에 몸을 던지는 마지막 길에까지 내려간 판틴이 부르는 '꿈이 있었다(I dreamed a dream)'는 사랑의 노래가 애절하게 귓전을 맴돈다. 손꼽을 만한 열창들이 한둘이 아니지만, 감동의 1등 공신은 주인공 장발장의 인간애이다. 빵 하나를 훔친 죄로 평생을 고생하는 주인공이 가엾고 자베르가 얄밉기만 했던 어린 시절의 느낌과는 사뭇 다른 차원의 깊은 감동을 받은 21세기의 레미제라블을 곱씹으며 영화관을 나선 겨울밤 바람은 과히 차지 않다.

2013. 1.

빅토르 위고의 원작을 1985년 뮤지컬의 제왕 매킨토시가 뮤지컬로 제작해서 계속 공연하면서 토니상, 그래미상, 올리비에상 등 유수한 뮤지컬 상을 석권함.

2012년 톰 후버가 감독을 맡아 영화로 제작, 프로듀서 카메론 매킨토시가 감독을 도와 연기자들이 라이브로 찍을 수 있도록 심혈을 기울였다. 휴 잭맨과 앤 헤서웨이 등 출연자들의 열연과 열창은 마치 연극 무대에서 배우들을 보는 것 같은 착각이 들 정도임.

부산행

　우연히 부산행 열차에 탔다가 휘말린 괴질에 걸린 사람들의 사투를 그린 영화이다.
　석우(공유 분)는 약간 토라져 부산 친정에 내려가 있는 아내에게 가기 위해 딸과 함께 부산행 열차에 몸을 싣는다. 이상한 바이러스가 온 나라에 갑자기 번져 그 괴질에 걸린 사람들이 탄 열차 칸에서 아직은 감염되지 않은 사람들이 있는 열차로 승객들이 옮겨가려 하고 청정지역이라 할 그 열차 칸에서는 그들의 진입을 필사적으로 막는 목숨을 건 대치가 거의 극 전편의 줄거리다. 딸을 지키기 위해 온몸을 던지는 공유가 도착 직전 딸은 탈출시키는 데 성공하지만 자신은 결국 괴질에 감염되고 만다.

함께 탔던 승객 중 한 여인 성경(정유미 분)과 공유의 딸이 터널을 무사히 빠져나와 안전한 지대로 하늘을 다시 보며 걸어 나가는 것이 마지막 장면이다. 극한상황하에서의 인간의 나약함과 어떻게든 자신만은 살아야 한다는 탐욕이 잘 그려져 있다. 자신들의 안전을 위해 완강히 감염자들의 진입을 막아내던 한 남자가 이내 자신이 감염되어 허탈해하는 모습 속에서 인간의 한계와 나약함을 잘 보여주어 관객으로 하여금 자화상을 보게 만든다.

인류 멸망의 재앙이 오는 날 저런 모습이겠구나 싶기도 하고 정도의 차이는 있지만 저게 바로 지금 우리가 허우적거리며 살아가는 인생이 아닌가 싶어 서글프다.

2017. 8. 7.

터널

 운전하고 가다가 갑자기 터널이 무너져 그 안에 갇혀 오도 가도 못 하는 상황에서 애타게 구조를 기다리는 줄거리의 영화다.
 자동차 판매 대리점의 과장 정수(하정우 분)는 큰 계약 건이 성사케 되어 잔뜩 들떠 집으로 가던 중 갑자기 터널이 무너지면서 그 안에 갇힌다. 딸의 생일 케이크와 생수 단 두 병이 먹을 것의 전부다. 휴대폰의 배터리는 78%를 가리키고 있다. 눈앞에 보이는 것이라고는 콘크리트 잔해뿐이다. 다행히 라디오는 들을 수 있어 아내 세현(배두나 분)은 남편에게 희망을 끊임없이 전한다.
 구조 작업이 진행되는데 구조대장 대경(오달수 분)은 여러 가지 여건을 감안하더라도 구조 우선을 주장하고 당국은 옆에 뚫고 있는 제2 터널의 안전을 감안해서 구조작업을 신중히 해야 한다는 입장을 내세운다.

남편의 구조를 애타게 기다리는 아내 세현의 여러 모습 등에서 마치 구조가 가능한데도 늑장 대응한 것 같은 비웃음을 담고 싶은 기획이었나라는 생각이 슬쩍 스치고 지나간다.

다른 한 명의 여자 조난자를 등장시켜 자신이 살아남기에도 급급한 상황에서 생수를 나누어 줄 수밖에 없는 등, 이웃을 외면하지 못하는 인간애를 담았다. 구조대장 대경의 정성어린 구조 활동으로 결국은 무사히 구조되어 집으로 돌아가는 행복한 결말이지만 인간의 순수한 본성, 사고 대비에 대한 당국의 대처 태도에 불만이라는 서로 다른 두 개의 가치를 동시에 표현하고 싶은 욕심이 둘 다 희석시켜서 아쉬움을 남긴다.

2017. 8. 7.

피에타

인간이 잔인할 수 있는 한계는 어디까지일까? 돌처럼 굳어버린 마음이라는 것을 과연 얼마쯤 녹일 수 있을까, 그 방법은 무엇일까? 등의 문제는 답이 쉽지 않은 질문이다. 이런 인간의 문제를 주제로 다룬 영화가 바로 피에타가 아닌가 싶다.

원래 피에타는 비통, 애통이라는 뜻이고 십자가에 달려 처형당해 숨진 예수를 무릎에 뉘어놓고 비탄에 잠겨 있는 성모 마리아를 그린 레오나르도 다빈치의 조각 작품 제목이다. 루브르 박물관에 소장되어 세계인의 발길을 불러 모으는 걸작 중 하나이다. 일찍이 예수를 만난 적이 있는 감독 김기덕은 왜 이토록 아프고 추한 우리의 실상을 하필이면 이 성스러운 작품명에다 실어 풀어

내려고 했을까? 아마도 예수가 아니고는 풀 수 없는 인생의 문제를 인간의 손으로 풀어내는 일의 한계를 거기다 빗대서 설명하고 싶었는지도 모르겠다. 예수를 전하는 교회의 전도 표어를 첫 장면으로 택한 것도 그런 맥락인 듯하다.

청계천변의 소규모 공업소 등을 무대로 펼쳐지는 이야기는 사채업자에게 고용된 한 젊은이가 자신의 생계를 위해 영세 기술공들에게 빚을 받아내는 데 있어 수단과 방법을 가리지 않는 내용으로 시작된다. IMF를 겪으면서 우리 사회에 회자되었던 믿기지 않는 사채업자들의 빚 환수 작전의 기상천외한 만행을 김기덕은 주인공 강도(이정진 분)를 통해 지나칠 정도로 적나라하게 화면 가득 담아내고 있다. 회유하고 으름장 놓고 협박하는 단계를 물론 거쳤겠지만, 영화 속에서 그가 구사하는 빚 받아내기 방법은 주로 산업재해 보험을 받아내서 가로채는 수법이다. 물론 보험을 악용해서 속이는 일이지만 버젓이 그 방법을 반복해서 사용해 자신의 실적을 올리고 생계를 유지하면서도 조금의 죄책감 같은 것은 그의 사전에 없다. 산재를 자작으로 만드는 자해행위를 강요하고 협박하여 프레스로 손을, 손목을, 발을, 발목을, 그것도 원하는 만큼의 액수에 돈이 부족하면 다리를, 팔뚝을, 거기서 더 나아가면 한쪽이 아닌 양쪽을 다 요구하는 만행은 짐승도 하기 힘든 지경이다. 어이없게도 자해로 불구가 된 피해자들은 형언하기 어려운 지옥 같은 생을 연명하며 살고 혹은 스스로 목숨을 버리는 비극을 계속 재생산해내는 비극이 이어진다.

고아로 자란 주인공 이정진 앞에 생모라는 여인이 나타난다. 나한테 엄마가 어디 있느냐며 거부하고 가라고 항변한다. 온갖 수모를 다 견디며, 심지어 아예 무시한 채 생모는 끈덕지게 그를 다독이며 정을 붙여나간다. 어머니의 정을 받으면서 강도는 조금씩 변해가기 시작한다. 자신도 놀랄 정도로 정이라는 것을 느끼면서 마음이 녹아가는 것을 감지한다.

그리고 어머니에게 정을 주기 시작한다. 생모라는 조민수는 휴대전화를 이용해 누군가에게 자신이 고통 받고 있다는 것을 알리는 등 강도가 어머니의 위해를 알게 되면서 가족이 고통 받을 때 느끼는 가족의 고통을 실감시킨다. 자기가 죽으면 수목장을 해 달라며 수목장 나무를 함께 정하고 오기도 한다. 어머니에 대한 보호심리도 생기는 등의 과정을 통해 주인공 강도는 사랑과 인간의 정, 가족의 정 같은 것을 체득해 나간다. 이렇게 변화시킨 후 생모는 내가 만약 없어지면 어떻게 어떻게 하라는 말을 한다. 불같이 화를 내는 강도는 정말로 엄마가 사라지면 어떻게 하나 싶어 전전긍긍할 정도가 된다.

이때 조민수는 사라진다. 자신이 위급에 처한 상황임을 휴대전화로 아들에게 들리게 하면서…. 절규하며 엄마를 찾아다니는 주인공 강도는 자신이 빚을 받기 위해 수많은 사람들에게 협박할 때 가족이 보는 앞에서 갖은 고통을 주면서 협박했던 생각을 하며 그 피해자들을 찾아 나선다. 그들의 비참한 형상을 보면서 비로소 눈을 뜨는 강도, 인간이 무엇인지를 알아나간다고나 할까. 김기덕 감독은 절묘한 전개로 그런 감정의 변화를 기막히게 끌고 간다. 수목장 나무 밑을 파니 거기는 엄마가 열심히 뜨던 털 스웨터를 입은 시체가 묻혀있는 것이 아닌가? 그 시체는 자신에게 시달려 자살한 빚쟁이였다.

영화의 끝부분에 와서야 조민수가 생모가 아닌 희생자의 엄마임을 알게 하고, 복수를 위해 고통을 안겨주는 고도의 방법을 구사하기 위해 생모를 가장하여 접근한 후 강도가 진짜 생모인 줄 알고 잔뜩 정을 붙인 것을 확인한 후 협박을 당하는 척해서 가족의 고통을 맛보게 하기도 하고 갑자기 사라짐으로써 가족의 상실을 통한 고통에 시달리게 하는 등 자신의 계획대로 복수하는 것을 전혀 눈치챌 수 없도록 한 기막힌 반전의 기법은 말을 잊게 할 지경이다.

피에타, 이탈리아어로 자비를 베푸소서라는 피에타. 이 두 사람 다 악행을 행하기로는 마찬가지이고 그야말로 이들에게 자비를 베푸소서가 맞다. 어미의 사랑을 통해 사람의 마음 문을 열게 하는 과정과 악인이 순화되어 가는 변화를 호들갑스럽지 않게 표현해 낸 것과 반전의 절묘함이 이 영화의 핵심이다. 잔인함, 만행 등의 인간사는 진정한 인간 앞에 얼마나 무의미하고 이슬 같은 것인지 저절로 고개가 끄덕여지는 영화 한 편이다.

영화감독 김기덕은 이 피에타를 손에 들고 세계 3대 영화제 중의 하나인 베니스 국제 영화제의 레드카펫을 밟음으로써 화려하게 세계 영화계의 별로 떠올랐다. 피에타, 우리는 이 영화 한 편을 보고 나와 어떤 변신을 함으로써 김기덕이 전하고 싶었던 진정한 영혼의 소리를 들었노라 보여줄 수 있는 것일까? 루브르 박물관의 유리장 안에 있는 성모 마리아가 애절하게 속삭인다. 피에타, 그래 우리 모두가 그 대상인 것을.

2013. 1. 19.

7번방의 선물

- 네가 살면 그를 죽여

사람이 한세상 사는 동안 액운을 만나지 않고 사는 것이 얼마나 큰 행운인가를 실감 나게 하는 영화 한 편을 보았다.

6살 정도의 지능을 가진 청소원이 비 오는 날 앞서 가던 어린아이가 빗길에 넘어져 혼절해 있는 것을 보고 응급처치를 시도한다. 심폐소생술을 알고 있었던 것이 이 착한 사내의 운명을 졸지에 나락으로 떨어뜨리는 빌미가 될 줄을 누가 알았으랴? 아이의 입에 입을 대고 호흡을 불어넣어 소생시키려는 시도를 하는 순간, 곁을 지나가던 여인이 아동성폭행 현장인 것으로 착각하고 놀라서 달려가 신고를 한다. 그 사이 아이는 숨을 거둔다. 좀 전에 미끄러져 넘어질 때 아이는 이미 뇌진탕을 일으켰던 것이다.

 좋은 일을 하려다 영문도 모른 채 성폭행범이 되어 갇히게 된 주인공은 천진할 정도로 수감생활을 잘해 나간다. 죽은 아이가 경찰 고위 간부의 딸이어서 수사를 긴급히 종결하느라 방증 수사도 제대로 안 하고 얼른 이 지적 장애인을 진범으로 만들어버렸다. 국선 변호인은 오히려 범인을 더 범인 되게 만들려 하고 주인공은 어린 딸 하나만 둔 사고무친이다 보니 누가 그를 위해 아무 일도 해 주지 못한다. 그런 상황을 지켜보며 그의 수감생활을 관찰한 교도관이 그가 무죄라는 확신을 갖고 수사기록을 추적하며 구명을 위해 애를 쓴다.

 수감생활 중에 종교 활동 때에 위문공연을 온 어린이들 중에 자신의 딸이 노래 부르는 모습을 발견한 주인공이 미칠 듯 딸을 찾는다. 이에 동료 수감자들이 아이를 몰래 빼돌려서 감방으로 데려와 숨겨놓고 같이 지내게 하는 해프닝을 벌이는 장면이 현실성이 떨어지지만 큰 감동으로 관객의 눈시울을 적신다. 딸을 보자 살아야겠다는 집념이 생겨 그동안 교도관이 설득해온 새로운 도전, 즉 자신이 범인이 아님을 적극적으로 밝히는 일에 나서기로 결심한다. 교도관은 수사 자료를 근거로 주인공이 범인이 아님을 증명하고 감방 동료들은 그에게 법정에서의 진술 과정을 철저히 연습시키는 노력을 계속한다. 지성이면 감천이라던가 주인공은 부족한 지능이라는 한계를 뛰어넘어 자신의 구명을 위한 일련의 계획에 잘 적응해 가서 동료들의 마음을 놓이게 한다.

재판이 가까워지자 죽은 아이의 아버지인 경찰 고위 간부가 주인공을 직접 찾아와서 만약에 범인이 아니라고 발뺌을 해서 살아나가면 대신 네 딸을 죽이겠노라고 협박한다. 자신이 살면 딸이 죽는다는 기막힌 갈림길에서 누구에게 말도 못하고 고민하던 주인공은 태연한 척 동료들을 안심시키고 법정에 선다. 모두 숨을 죽이고 심문의 마지막 답을 기다리는 사람들의 귀를 때린 것은 놀랍게도 내가 범인이라는 주인공의 청천벽력과도 같은 한 마디였다. 감방에서 아빠 죽으면 안 된다는 딸의 비명을 뒤로하고 형장으로 향하는 주인공의 모습이 멀어지는 것으로 화면은 바뀐다.

그 딸이 장성하여 사법연수원생이 되고 자신의 졸업 모의재판에 돌아간 아버지의 사건을 가지고 나서서 아버지의 무죄를 밝혀낸다. 비록 실제로 주인공을 살려낼 수는 없는 일이지만 많은 시사점을 던져주는 이야기다. 자신의 딸의 죽음이 억울하고 한이 맺히겠지만 사건을 뒤집으면 네 딸을 죽이겠다는 협박은 치졸하기 그지없는 인간말종의 행동이 아니고 무엇이란 말인가? 깡패도 큰 깡패는 안 하는 짓이다. 동네 골목이나 누비는 조무래기 깡패의 수준이다. 감방에 갇힌 극한 상황의 사람들을 통해 이야기를 풀어가면서 진솔한 인간애의 면모들을 소박하게 담아내는데 세칭 바보의 순진무구한 행동을 매개로 했다는데 구성의 기발함이 돋보이는 작품이다.

어느 교회에서 새로 모셔온 담임목사의 자격 시비가 일어났는데 별 흠결 없는 목사를 일부 절차의 아주 작은 일을 빌미로 삼아 압박하다가 드디어 쫓아내는 데 성공했다. 그 대단한 일의 결말을 낸 해당 교단의 재판국이라는 데서 한 행동이 딱 이 영화의 경찰 고위간부, 그 사람의 것과 너무도 흡사해서 쓴웃음이 나온다. 목사의 선서를 행한 노회의 처사에는 하자가 없을뿐더러 그런 일은 노회의 고유 임무이므로 아무 문제가 없다. 이러한 판결 주문에 이어 해괴하게도 합의문이라는 것이 붙어있는데 해당 목사는 지금의 교회에서 즉각 사임하고 당해 노회 밖에서만 목회를 해야 하고 소를 제기한 장로는 소를 취하라는 것이었다. 이 말을 듣는 순간 왜 어제 본 영화 「7번방의 선물」이 생각나서 가슴이 먹먹해 오는지 모르겠다.

어떻게 종교인들이 이럴 수가 있느냐는 넋두리에 돌아온 대답이 더 슬프게 한다. 그러지 않아도 그 목사님 사모님을 위로하려고 7번방의 선물을 함께 보러 갔는데 사모님이 어찌나 우는지 민망해서 혼났다는 늙지도 젊지도 않은 권사의 일그러진 얼굴에 주인공의 얼굴이 겹쳐 지나간다. 참 괜찮은 영화 한 편 보고 마음이 맑아졌다가 다시 흐림이 되어버렸다. 영화 주인공인, 억울한 그 사내에게는 문제의 그 현장이 액운의 빌미가 되었다면 곤욕을 치른 그 목사에게는 청빙의 손을 내민 문제의 교회가 액운의 빌미가 된 셈이다.

70 평생 사는 동안 억울한 일들도 많이 겪었지만 이런 액운은 만나지 않고 살아온 것에 새삼 감사할 일이다. 오늘도 수없이 많은 7번방의 선물이 일어나고 있는 세상에 살고 있는 것이 아니었으면 좋겠는데 가슴은 자꾸 먹먹하기만 하다.

2013. 4.

덕구

 가족, 이 소중한 낱말이 어쩌다 해체라는 꼬리표까지 달고 우리 주변에서 설왕설래 되는 지경이 되었는지 기가 막힌 일이다. 학자들이 무어라고 말들 해도 가족은 여전히 푸근한 이미지로 우리 곁에 살아 있음을 보여주는 흐뭇한 드라마 한 편 있어 영화관을 나서는 뒷맛이 개운하다.
 경상북도 고령의 한 농가에서 벌어지는 가족 이야기, 실화를 영화화한 작품이다. 원로배우 이순재가 평범할 정도로 소박하게 화면을 채워서 그야말로 이웃에서 벌어지는 실제상황을 보고 있는 느낌이다.
 인도네시아 출신 젊은 아내와 덕구 남매, 그리고 홀아버지 이순재를 남겨 두고 젊은 가장이 홀연히 세상을 떠난다. 이국인 아내는 남편의 사망보상으로 남겨진 피 같은 돈 2천만 원을 감쪽같이 날려 버린다. 대노한 시아버지 이순재는 그 길로 며느리를 내쫓고 덕구 남매를 홀로 키운다.

어린 손자 덕구에게 경주 김씨 00파 67대손임을 각인 시키고 김'만' 자 '철' 자 할아버지를 비롯하여 조상들의 이름 석 자를 줄줄이 외우도록 보학 교육을 철저히 시키는 할아버지 이순재는 당당하라고, 안 한 것은 안 했다고 떳떳이 말해야 한다고 열심히 손자를 가르친다. 엄마의 빈자리를 채우려 애쓰는 노인의 애환을 잘 그려나가면서도 지나치게 천착하지 않고 속도감 있게 이야기를 진행해 나가는 솜씨가 돋보인다.

폐암에 걸린 걸 알고서도 치료받기를 거부한 채 천명이라고 우기던 할아버지는 자신의 명이 얼마 남지 않았음을 직감하고 아이들의 위탁가정을 구하러 나선다. 그 사이 덕구는 할아버지가 떨어뜨린 엄마의 편지봉투를 들고 안산으로 엄마를 찾아 떠난다. 가까스로 주소지를 찾았으나 1달 전 이사 갔다는 간단한 대답만 듣게 된다.

엄마의 사진을 들고 눈 쌓인 거리를 헤매던 아이는 급기야 길 한복판에 서서 자신은 덕구이며 내 엄마를 OO를 찾으러 왔노라고 절규한다. 할 말을 똑바로 하라던 할아버지의 가르침이 떠올라 용기를 낸 것이다.

그 광경을 본 엄마의 친구가 엄마에게 알려줘 쫓겨났던 엄마는 예금통장을 들고 집을 찾아 돌아온다. 아이들을 위탁가정에 보내고 허탈하게 누워있는 할아버지가 며느리를 맞아 방문을 열고 뜰에 서 있는 며느리에게 왜 남의 집에 온 것처럼 서 있느냐며 덥석 끌어안아 반긴다. 며느리는 저금통장을 내밀며 2천만 원 다 못 채웠으나 평생 반드시 다 갚겠다며 울먹인다. 그것으로 영화는 끝난다. 마지막 장면은 두 남매가 이 세상에서 가장 행복한 듯한 표정을 짓고 달려오는 모습을 화면 가득 담았다.

다문화가정의 문제와 빈곤 가정 노인의 문제 등을 다룬 영화지만 엄마가 무엇인지를 극명하게 말해주는 영화이다. 그것도 아이의 가슴으로 전하는 절규를 통해 사회를 일깨우는 한 편의 교육영화이다.

6.25 때 아버지만 잡아가고 어머니를 9살 꼬마 옆에 남겨주고 간 북한의 처사에 때늦은 감사라도 전해야 하나? 고개를 갸웃거리며 영화관 문을 나섰다. 벚꽃이 하염없이 꽃비를 날리고 있다. 불현듯 엄마가 보고 싶다.

"덕구야 너는 좋겠다, 엄마가 살아 있어서."

2018. 5.

싱글 라이더

- 함께 있어야 부부

사랑과 영혼을 좀 닮은 듯한 구성이지만 내용은 전혀 다르다. 호주에 아내와 자식을 공부시키러 떠나보낸 기러기 아빠의 이야기다.

잘 나가는 증권회사 지점장인 강재훈(이병헌 분)은 어느 날 갑자기 부실 채권 사건에 휘말려 하루아침에 모든 것을 잃고 만다. 아들의 교육을 위해 아내와 외아들을 호주에 보내놓고 홀로 지내던 재훈은 문을 첩첩이 닫고 고뇌하다가 호주행 비행기를 예약하고 모든 것을 끝낸다.

호주에 도착해서 가족이 사는 집을 찾아갔으나 아내는 이미 새로운 생을 준비하고 있었다. 이웃의 한 남자가 아내 곁에 있는 것이다. 자기의 아이를 보살펴주고 아내를 사랑하고 있음을 발견한다. 맴돌기만 하다가 끝내 아내를 만나지 못하고 아들에게만 잠시 나타나서 말을 나누고 사라진다.

아내 이수진(공효진 분)은 남편을 호주로 오게 해야겠다고 결심하고 그동안 포기했던 음악을 다시 시작해서 영주권 신청 등의 절차를 거쳐 남편을 이주해 오도록 준비를 끝내가고 있는데 충격적인 소식이 고국으로부터 날아온다. 남편의 사망 소식이었다.

재훈은 자신의 아파트 거실에서 컴퓨터 앞에 앉은 변사체로 발견되고 경찰이 분주히 움직인다. 그제서야 영혼이 호주로 날아간 구성임을 알아챈 미련함에 실소를 금치 못하면서 춘원의 꿈을 다 읽고서야 끝 장면에서 비로소 조신이 꾼 꿈을 현실로 알고 가슴 졸이며 읽은 것이 억울했던 중학교 시절이 생각났다. 꿈의 경우는 전혀 눈치챌 수 없지만 이 영화는 세심하게 본 사람이면 알아챌 수 있는 장면들이 많았음을 그제야 감지하고 웃었다. 미련하기는 참 미련한 사람이다 싶어 이런 둔감함으로 무슨 영화 보기는 이렇게 좋아하나 싶어 한심하기도 했다.

아내 수진의 호주에서의 생활이 추잡하게 보이지 않는 것은 시대 따라 변한 시각 덕인지 모르지만 담담하고 깔끔하게 처리하고 있는 구성의 덕인 것 같기도 하다. 자녀의 교육을 위해 생겨난 수많은 기러기 아빠들의 애환과 이상한 사회현상을 이렇게도 접근해 볼 수 있구나 하는 생각이 들면서 착잡했다.

  재훈이 호주에 도착하자마자 어려움에 처한 우리나라 젊은 여성을 구해 주게 되면서 그와의 얽히는 이야기로 영화를 밀도 있게 끌고 나간 솜씨가 돋보인다. 요즘 부부들의 애정관, 부부관 등을 엿볼 수 있어 세대차를 느끼기도 했지만 어쩌면 저런 것이 진정한 사랑일 수도 있지 않을까 하는 생각이 들었다. 아내가 다른 사내와 함께 하는 현장을 보면서 이를 물고 참는 남편의 모습은 우리 같은 옛 세대 사람들 눈에는 존경의 대상이거나 정신 나간 사람 같아 경멸의 대상이거나 양극을 달릴 것이다. 존경까지는 아니지만 이해, 아니 공감의 수준으로 느껴지는 걸 보니 늙기는 늙었나 보다.

  잠시의 일탈을 털어내고 남편을 데려와 제대로의 가정을 회복하고자 준비하다 날벼락 같은 남편의 변사 소식을 듣고 비행기에 오른 수진의 심사가 어떤 것일지를 가늠해 보며 가슴이 야릇하게 아려오는 것은 무슨 심사인지 모르겠다. 비뚤어진 자녀교육 열풍으로 늘어가는 기러기 아빠 문제를 곱지 않게 보아 왔던 일방적인 시선만이 아닌 것은 확실한데 그 실체는 잘 모르겠다. 영화관 문을 나서는데 젊은 부부가 아이 손을 잡고 정답게 소곤대며 지나간다. 아이는 해맑게 웃고 있다.

2017. 8. 8.

럭키

　목욕탕에서 세수비누에 미끄러져 한 사내가 쓰러지는 데서부터 영화는 시작된다. 그 사고를 계기로 다른 사람으로 살게 된 주인공이 제목 그대로 행운의 주인공이 되는 줄거리의 영화다. 말도 안 되는 것 같은 상황 설정과 장면들이 헛웃음을 자아내게 하건만 그런대로 빨려 들어가다 보니 훌쩍 시간이 흘러 영화는 끝난다.
　청부살인의 음습함 같은 것을 저변에 깔고 있으면서도 심각하게 끌고 가지 않는 전개가 깔끔하다. 코믹한 분위기와 긴장감을 적당히 버무려 가면서 새로운 인생으로 변신시키는 것은 결국 인간의 순수한 정이라는 점을 은연중 깨달으면서 고개를 주억거리는 관객이 되어 있는 자신이 낯설어지기까지 하다.

중간에 남는 시간을 메우려고 아무거나 표를 사서 들어온 길이었는데 아주 나쁜 선택은 아니었던 것 같다. 럭키, 저 제목을 행운이라고 했으면 흥행이 덜 되었으려나? 객쩍은 생각을 하면서 자리를 떴다. 유해진의 능청스러울 정도의 코믹 연기가 코미디 영화의 진수를 보여주는 데 부족함이 없었다.

2016. 5.

베테랑

 살인 사건을 수사 중에 진실이 묻혀 가는 낌새를 눈치 챈 베테랑 형사가 옆에서 끼어들어 그 사건의 전모를 밝혀내고 억울한 사건의 진상을 밝혀내는 과정을 다룬 영화다. 대기업의 2세 경영인 유아인이 온갖 못된 짓을 다하며 포악의 극치를 보이는 연기를 잘 소화해 내서 인기를 끌었다.
 아들의 관여가 확실히 드러나기 시작하자 그런 일의 사주를 한 사람이 자신의 아들이 아닌 딴 사람으로 희생양을 삼는다. 자신을 어려서 데려다 기르고 오늘까지 보살펴 중역까지 시켜 준 회장의 명령을 거역할 수 없어 뒤집어쓰기로 한다.
 불의를 보고 참을 수 없는 베테랑 형사는 기어이 그

전모를 밝혀내는 줄거리인데 그 전개 과정을 맛깔스럽게 잘 엮었다. 지나치게 잔인한 폭력 장면이 많은 것이 큰 흠인데 요즘 영화가 그 한계를 넘은 지 오래여서 입이 다물어지지 않는다.

국제시장의 주연을 맡아 스타덤에 오른 황정민의 소박한 이미지가 형사에 대한 고정관념을 깨고 친근감을 느끼게 한 것이 이 영화의 백미가 아닌가 한다. 우리 사회에 팽배한 불신 주의가 역설적으로 이 영화에 박수를 보내는 아이러니는 우리를 슬프게 한다.

2016. 2. 18.

2

기생충
설국열차
늑대소년
마리 이야기
발칙한 청춘
예수님 어떤 게 먼저예요
밀정
암살
군함도
인천상륙작전

기생충

기택 송강호
동익 이선균 박사장 글로벌 IT그룹 사장
연교 동익의 처 조여정
기우 최우식
기정 박소담
문광 이정은
충숙 장혜진

영화는 영화로 보면 그만이다. 거기에 이념 논리는 적절치 않은 시각이 아닐까? 부메랑이라는 것을 요즘처럼 실감할 때가 없는 성싶다. 친일의 논리를 펼 때 춘원을 두고 문학은 문학으로 보자고 했을 때 그렇지 않다, 문학이 어찌 따로 떨어져 존재할까 보냐고 힐책하는 목소리에 밀려 춘원은 아직도 감방에 갇혀 있다. 요즘은 기생충을 놓고 정반대의 입장에서 논쟁 아닌 논쟁이 뜨겁다. 영화 기막히게 잘 만들었다. 그것으로 족하다.

짜파구리를 불타나게 팔리게 만든 영화 기생충이 아카데미 4관왕에 올랐다. 감독상 작품상 각본상 외국어영화상을 한 손에 거머쥐었다. 그야말로 한국 영화 사상 금자탑이라 할 만하다. 쾌거, 쾌거이다. 제목이 기분에 안 맞아서 호기심이 생기지만 선뜻 영화관 문을 들어서지 못했는데 상을 받았다니 궁금해서 그냥 있을 수가 없다. 딸에게 부탁해서 집에 앉아 TV로 영화를 보기로 했다. 극장만 한 분위기는 아니지만 대형화면, 음향 모두가 옛날 같지 않으니 집중만 하면 괜찮을 것 같았다. 아예 전화기도 방에 멀리 놓아두고 극장에 간 셈치고 기분을 다잡으며 앉았다.

반지하 집에 살면서 모든 식구가 다 벌어야 살아갈 수 있는 소시민의 가장이 주인공이다. 재수도 아니고 4수생인 아들이 명문대생 친구의 소개로 어느 부잣집의 가정교사로 들어가는 것에서부터 이야기가 시작된다. 가르치는 학생과 그 부모의 신임을 얻은 그는 자기 여동생을 외국 명문대를 다녀온 유학생으로 신분을 세탁하여 그 집에 미술 가정교사로 취직시킨다.

여기서 그치지 않고 그 집의 멀쩡한 가정부를 교묘하게 모함하여 쫓아내게 하고 그 자리에 자신의 어머니를 역시 신분을 속여 취업시키는 데 성공한다. 그러는 동안 자신의 학생과 부적절하게 친해지고 급기야는 아버지도 그 집 지하실에 잠입시켜 살아가게 만든다. 지하실에는 먼젓번 가정부의 남편이 똬리를 틀고 숨어 살고 있다. 그대로 함께 있으면서 벌이는 각축과 쫓겨난 가정부가 계속 주변을 맴도는 등 인간의 한계상황을 설정하고 이야기는 흘러간다.

바퀴벌레를 등장시켜 빛과 어둠의 양면을 교묘하게 그려내는가 하면 주인이 없는 동안 위층에 올라와 버젓이 주인처럼 모든 호사를 누리며 탐닉하는 기택 부부의 모습에서 기득권층은 구역질 나는 분노를 누를 길 없는 심정이 된다. 그런가 하면 지하실에서 같은 처지의 두 남자가 벌이는 우위 쟁탈전은 말로 다 형언하기 힘들 정도의 극한 상황을 그려낸다.

부잣집 마당에서 정원파티가 열리는 날 인디언 복장으로 가장한 박 사장과 기택이 마주하게 되는데 박 사장이 기택에게서 나는 지하실 냄새가 역겨워 '아유, 냄새'라는 한마디를 뱉는 순간 기택의 창끝이 박 사장을 향하고 장면은 바뀐다. 수년의 세월이 흐르고 난 후 기택의 아들이 그 집 대문을 밀고 들어가는 것으로 영화는 끝난다. 이런저런 대사들이 인상적인 말들이 많지만 다 소개할 수는 없고 느낌은 허탈이다.

　실제 상황으로도 기택 등의 부자 주인집 지하실 생활과 위층 점거 상황은 현실적인 가능성이 거의 없다. 다른 부분들도 상식적으로나 도덕적으로나 말이 안 되는 상황 설정에서 펼쳐지는 한 편의 영화인데 어째서 관객의 발길이 끊이지 않았단 말인가? 게다가 오스카상이 어떤 상인데 4개씩이나 부문별 상을 몰아주고 하이라이트인 작품상을 거머쥐게 했단 말인가? 영화 전문가가 아닌 입장에서 생각해 본다. 답은 계층갈등에 대한 전 인류적인 해답이 기득권층에 대한 무언의 반항이다. 지금 온 세계는 계층갈등으로 몸살을 앓고 있을 뿐만 아니라 죄가 없어도 기득권층이 묵시적 단죄 대상으로 몰리고 있다는 반증을 기생충이라는 영화 한 편이 전 세계를 향해 짜임새 있는 솜씨로 신나게 던진 것이다.

2021. 8. 24.

설국열차
- 인간의 한계는 어디까지일까?

월포드 에드 해리스
커티스 크리스 에반스
남궁민수 송강호

길리엄 존 허트
메이슨 틸다 스윈튼

17년 열차생활 강설제 잘못 뿌려 지구 급랭
극한 상황 속에서의 인간의 모습

지구가 기후 온난화로 너무 더워져 견딜 수가 없어 인공강설제를 뿌린 후 지구 전체가 얼어붙어 모든 생물이 죽게 되자 설국열차에 마지막 사람들이 탔다는 자막으로 영화는 시작된다. 노아의 방주에서 거꾸로 힌트를 얻은 발상이 아닌가 하는 생각이 스치고 지나갔다. 온통 하얗게 얼어붙은 세상을 오직 이 설국열차만이 사람들을 싣고 달린 지 17년이다. '단백질바'라는 것을 공급받아 먹으면서 목숨을 부지하고 있는 꼬리 칸 사람들과 그전의 바깥세상에서 누리던 것을 약간 제한적이기는 하지만 거의 누리며 살아가는 앞칸의 선택된 사람들 간의 각축을 통해 인간의 극한상황에서의 진면목을 보이고 싶은 것이 이 영화의 주제가 아닌가 싶다. 계층갈등을 묘한 설정으로 풀어간 영화이다.

월포드라는 사람이 기획해서 만들고 치밀한 기계장치에 의해 돌아가는 설국열차의 운행에 관한 암호 키를 갖고 있는 남궁민수, 꼬리 칸의 정신적 리더 격인 길리엄, 길리엄의 신임을 받으면서 꼬리 칸 사람들을 사실상 이끌고 있는 커티스, 이들이 아비규환의 꼬리 칸을 벗어나 앞칸으로 진입해 보고자 벌이는 사투를 그리고 있는 영화는 인간의 한계상황을 차마 입에 담을 수 없는 일들로 그려내고 있다. 상상을 초월한 일들이 일상으로 벌어지고 사람 수를 엄격하게 관리하며 아이들을 강제로 끌어가서 어미를 애타게 하지만 꼬리 칸에서 끌려간 아이들은 소식도 알 길이 없고 돌아오지 않는다.

앞칸은 평화로운 데다 상류사회의 분위기까지 보여준다. 미용실에서 머리를 하고 앉아있는 여인들, 온갖 식물이 자라는 온실, 각종 물고기가 노니는 수족관 등등 천지 차이의 세계가 같은 설국열차의 앞과 꼬리에서 벌어지고 있다. 이들에게 같은 것이 있다면 창밖의 얼어붙은 세상을 볼 수밖에 없고 그나마 이 차 안에서 달리고 있어야 목숨을 부지할 수 있다는 체념 같은 것이라고나 할까?

커티스는 남궁민수를 손에 넣고 회유하여 암호를 하나씩 풀어가면서 앞칸으로 진입하는 혁명을 실행에 옮긴다. 길리엄에게 지도자가 되어 달라고 요청하는 커티스에게 자신은 이제 늙었다며 커티스에게 이제 명실상부한 지도자가 되어 꼬리 칸 사람들을 이끌라고 권면한다. 거의 앞칸으로 진입한 것 같은 순간에 커티스에게 월포드의 만찬 초대가 알려진다. 어리둥절한 커티스 앞에 월포드는 천연덕스럽게 평상심을 유지하며 기계에 의해 돌아가고 있는 설국열차를 운행하기 위해서는 그간의 여러 일이 어쩔 수 없는 일이었으며 앞으로도 그렇게 하지 않고는 설국열차가 운행될 수도 없고 유지될 수도 없다고 설명한다.

길리엄이 월포드와 한패였고 그동안 사람 수를 철저

히 세고 관리한 것은 인구의 균형을 맞추지 않고는 이 열차가 유지될 수 없기 때문이라는 등의 논리를 펴나가면서 꼬리 칸의 혁명도 그런 일들의 명분과 필요에 의해 길리엄에 의해 실행되도록 한 자기의 조종이었음을 심상하게 말한다. 꼬리 칸은 앞칸 사람들의 생존을 이어가기 위해 계속 일정 수준의 숫자를 유지하며 살아남아 주어야 하는 일종의 창고 같은 곳이었던 것이다. 말문이 막힌 커티스에게 계속 들려오는 월포드의 설명은 확인사살 수준이다. 단백질바의 원료도 달걀의 원료도 인체였음을 알게 된 커티스는 그 사실보다도 길리엄의 존재가 더 큰 충격이었을지도 모른다.

결국 기계는 멈추고 설국열차는 궤도를 이탈해서 산산조각이 나면서 얼음 천지로 떨어진다. 여전히 세상은 얼음으로 뒤덮였지만 남자아이, 여자아이 하나씩 단 두 명이 살아남아 천진한 눈망울로 하늘을 쳐다보는 장면으로 영화는 막을 내린다.

너무 잔인하고 차마 써 내려갈 수 없는 이야기들 때문에 꼭 전하고 싶었던 말들을 도무지 할 수가 없다. 인간의 한계상황을 무대로 해서 무엇을 전하려고 한 것일까? 이야기 내용은 단어가 없어 표현할 수 없을 정도로 잔혹한 것이지만 그런 실제 장면들을 화면에 직접적으로 내보이지 않고 전달하려 한 감독의 배려와 솜씨에는 박수를 보낼 만하다는 생각도 든다.

  설국이라는 낱말에 끌려 선택했다가 전혀 다른 세계에 마주친 당혹감 때문에 더 거부감이 컸는지도 모르겠지만 마치 지구 종말을 미리 보는 것 같아 섬찟하기도 했다. 아이 둘을 살려서 희망적인 이미지로 마침표를 찍은 의도는 무엇일까? 아둔한 머리로는 저 아이들은 어떻게 될까? 과연 살아남을 수 있을까? 하는 현실적이고 초보적인 걱정밖에는 다른 생각이 없다. 엄청난 한계상황에서 인간의 마지막을 다 보여 주고는 저런 천진하고 희망적인 모습으로 마침표를 찍다니 정말 너무도 희화적이다.

2021. 8. 27.

늑대소년

 미국의 한 교포 가정에 고국에서 전화 한 통이 걸려오는 데서 이야기는 시작된다. 노년의 여주인공은 귀국해서 강원도 화천의 별장에 찾아간다. 군청 직원의 안내를 받아서 그 집 앞에 선 주인공은 어린 시절로 돌아간다.
 아버지 사업이 망해서 오갈 데 없어진 그의 가족이 이 산골의 별장 집으로 이사를 오게 되었다. 대학입시를 준비하던 여주인공에게 반해서 혼인하자고 조르는 청년이 자기 집 별장으로 이 가족을 옮겨 살게 한 것이다. 그날 밤 이상한 소리에 이끌려 창고 건물에 들어선 그녀 앞에 웬 짐승 같은 소년이 나타난다. 말도 못하고 난폭하게 음식을 먹어 치우는 그 아이를 감당할 수 없

는 어머니는 면사무소에 신청하여 시설에 보내기로 한다. 여주인공은 그에게 난폭함을 순화시키는 교육을 시작하고 말과 글을 가르치면서 서로 인간애를 느끼게 된다.

여주인공이 별장 주인 청년의 일방적 구애에 응하지 않자 강제로 추행하려는데 소년이 구해 준다. 그 소년은 늑대의 난폭성을 인간에게 닮게 해서 강한 군대를 만드는 일을 연구하던 과정에서 희생양이 된 가엾은 소년이었다.

그 소년은 이제 한 가족으로 사랑을 느끼며 말도 배우고 글도 익히게 되면서 양순해졌다. 그러나 주인 청년이 앙심을 품고 그를 없애고자 계략을 꾸며 여주인공이 위기에 처하자 몸의 일부가 늑대로 변하면서 그녀를 구출해 내서 산속으로 도망친다. 야수에게 납치되었다며 여주인공을 구하고자 수색작전이 벌어지고 포위망이 좁아지자 여주인공은 소년을 도망가게 하고 자기만 수색대에게 나아간다. 쫓기다가 사살되거나 산속에서 피해 있다가 굶어 죽을 것이 뻔한 소년의 운명이 가여워 눈물짓던 소녀는 지금 노인이 되어 그 집 앞에 서 있는 것이다. 그때의 자기만 한 나이의 손녀와 함께 잠자리에 든 노인은 이상한 소리에 이끌려 그 옛날처럼 창고로 간다. 그곳에는 그 소년이 그림 같이 앉아있는 것이 아닌가? 그 문제의 밤에 목숨을 걸고 찾아주러 갔던 소녀의 애장품 기타를 건네준다. 소년은 그때 그 모습인데 기타는 낡아 있었다. 세상에 이제껏 기다리고 있었느냐며 노인은 흐느끼지도 못한다.

아침에 눈을 뜬 노인은 군청 직원에게 별장을 팔지 않겠다고 담담히 말한다. 개발에 지장이 있다는 군청 직원은 이 좋은 기회를 왜 놓치려 하느냐며 볼멘소리를 하지만 노인은 들었는지 말았는지 손녀와 함께 말없이 별장을 떠난다. 소년과의 재회 장면이 마치 서정주의 시 「신부」와 흡사하다는 생각을 하며 영화관을 나왔다. 시인은 영화 한 편의 이야기를 시 한 편으로 대신하고 있지 않은가?

신부(新婦)
　　　　미당 서정주

신부는 초록 저고리 다홍치마로
겨우 귀밑머리만 풀리운 채
신랑하고 첫날밤을 아직 앉아 있었는데

신랑이 그만
오줌이 급해져서

냉큼 일어나 달려가는 바람에
옷자락이 문돌쩌귀에 걸렸습니다

그것을 신랑은
생각이 또 급해서
제 신부가 음탕해서 그 새를 못 참아서
뒤에서 손으로 잡아 다리는 거라고,
그렇게만 알곤 뒤도 안 돌아보고 나가 버렸습니다

문돌쩌귀에 걸린
옷자락이 찢어진 채로
오줌 누곤 못 쓰겠다며 달아나 버렸습니다

그러고 나서
사십 년인가 오십 년이 지나간 뒤에
뜻밖에 딴 볼일이 생겨 이 신부네 집 옆을 지나가다가

그래도 잠시 궁금해서
신부방 문을 열고 들여다보니
신부는 귀밑머리만 풀린 첫날밤 모양 그대로
초록 저고리 다홍치마로 아직도 고스란히 앉아 있었습니다

안쓰러운 생각이 들어
그 어깨를 가서 어루만지니
그때서야 매운 재가 되어
폭삭 내려앉아 버렸습니다

                                        2012. 11.

마리 이야기

　프랑스의 외딴 시골 한적한 수녀원에 눈멀고 말 못하는 삼중고의 장애 소녀가 아버지 손에 이끌려 들어왔다. 야생마처럼 거칠기 그지없는 이 소녀로 인해 수녀원은 발칵 뒤집힐 지경이고 모두 고개를 설레설레 흔든다. 그런 아이를 서로 맡기 싫어하는데 몸이 약한 수녀가 자신이 맡겠노라 자원한다. 수녀원장이 만류하지만 그 아이를 길들여 보려고 온갖 노력을 다하며 자기 몸을 돌보지 않다가 병이 깊어진다. 여러 번의 우여곡절 끝에 그 아이는 조금씩 주어진 상황을 받아들이기 시작하지만 여전히 거칠기만 하다.
　그러던 중에 수녀는 치명적으로 몸이 나빠지고 절대안정을 명령받아 다른 요양원으로 옮겨간다. 조금 나아지던 소녀는 수녀가 떠나자 다른 수녀의 보살핌을 거절하며 다시 거칠어진다. 요양원의 수녀는 소녀가 눈에 밟혀 막무가내로 요양원을 떠나 수녀원으로 돌아온다. 소녀를 타이르며 품어 안자 소녀는 조금씩 차분해지기 시작한다.

수녀가 숨을 거두자 소녀는 미친 듯이 날뛰다가 마음을 잡고 수녀의 가르침을 하나하나 떠올리며 다른 사람처럼 변한다. 신앙도 수녀의 말을 떠올려가며 깊이를 더해 간다. 자신 같은 장애아가 수녀원에 들어오자 그를 보살피며 신앙이 깊어져 가는 변화를 그려내면서 수녀의 무덤에 꽃을 바치는 소녀의 모습으로 끝을 맺는다. 프랑스의 많은 시각, 청각 장애인들의 선도자로 봉사하며 큰 업적을 남기고 살았다는 설명으로 막을 내린다.

프랑스의 헬렌켈러, 설리번 선생이로구나 하는 생각으로 영화관을 나왔다. 봉사와 사랑, 예수님의 제자가 어떤 것인지, 인간의 마음 깊은 속에 자리 잡은 감사라는 것을 은근하게 깨닫게 해 준 잔잔한 영화이다. 그토록 거친 아이를 순하게 바꾼 것은 강한 훈육이 아니라 지고한 사랑과 희생, 그리고 한없는 봉사였다.

나는 그중 무엇을 했는가? 아무것도 한 것이 없다. 지극히 편한 것만 좇아서 이제껏 안락하게 살았을 뿐이다. 쌓은 것이 없으니 하늘에 가도 상급은 아마 없을 듯싶어 좀 걱정스럽다. 2016. 2. 5.

발칙한 청춘

학교폭력과 왕따 문제가 우리 학교 교육 현장의 큰 암 덩어리로 부각된 지 오래다. 게다가 청소년의 성교육 문제와 청소년의 임신 등이 상상을 초월할 정도의 심각성을 띠고 있는 것이 오늘의 우리나라 현실이다. 이런 상황 하에서 올바른 청소년 성교육과 학교폭력 예방 등을 위한 목적으로 제작된 뮤지컬이 학교를 순방하며 공연하고 있다. 지역 어른들도 동참해서 함께 보며 현실에 대한 인식을 깊이 하고 함께 해결하고 예방하는 일에 힘을 모으기로 했다.

50년의 역사를 지닌 여인극장(단장 김경애)이 제작한 학교폭력 예방을 위한 성교육 뮤지컬 「춘향이의 첫날밤」은 우선 청소년들에게 쉽게 접근할 수 있도록 그들의 정서에 눈높이를 참 잘 맞추고 있다. 우선 소통에 성공한 기획이라 생각된다.

친구들의 괴롭힘에 자살을 기도하는 진우를 우연히 구해낸 그동안의 가해자 철현은 그 일로 표창까지 받으면서 진우의 보호자가 되고 아이돌 데뷔를 앞둔 춘향은 남자 친구 철현과 부적절한 관계를 맺어 임신을 하게 된다. 예기치 못한 사태에 당황한 철현과 춘향은 학교생활도 제대로 못 하고 졸업식 날 만난다. 철현은 부모님께 얘기해서 허락을 얻었고 두 청소년은 힘을 합해 부모가 되자고 다짐한다. 그동안의 두려움 당혹감 등을 토로하는 철현과 춘향의 노래를 통해 청소년들에게 실수로 일어난 결과를 보면서 어떻게 해야겠다는 은유적인 교육이 이루어진다. 오히려 직접적이고 교훈조의 대사보다 훨씬 밀도 있게 불장난의 위험을 잘 전달하면서도 생명에 대한 외경심까지 갖게 하는 극의 마무리 부분이 압권이다. 중간 전개 과정에서는 너무 진한 대사가 청소년들에게 악영향을 주는 것 아닌가 해서 가볍게 눈살이 찌푸려지고 당황스러웠는데 마무리의 짜임새가 가슴을 뭉클하게 하면서 그런 것들이 기우였음을 느끼게 하는 작품이다.

우리 같은 어른들에게는 민망하게 들리는 그런 직설

적인 대사가 아니면 청소년들의 마음을 열고 가슴속으로 들어가지 못한다는 것이 제작진의 설명이다. 모처럼 아이들과 같은 생각을 한 것 같아 젊어진 느낌이 나쁘지 않다.

끝까지 진우를 괴롭히다 경찰에 붙들려 가는 넘버 투를 통해 학교폭력의 원인 실상 등을 보여주고 진우의 극복을 통해 많은 시사점을 보여 줌으로써 예방과 교육이라는 두 마리 토끼를 다 잡게 했다. 또한 임신을 통해 올바른 성과 생명 존중이라는 두 마리 토끼 또한 잘 잡았다고 볼 수 있다. 학교폭력과 청소년 성문제의 현실, 예방, 대처 방안까지를 효율적으로 보여준 이 작품은 교육용 뮤지컬로 성공한 수작이라고 할 만하다. 반세기의 역사를 지닌 여인극장의 저력 덕이다.

임신 사실을 알고 부르는 노래 '어떡하지, 어떡하지'에서 느끼는 당혹감이 '돌이킬 수 없는 시간 그리워 그리워'라는 회한의 과정을 거쳐 '너는 우리가 필요해, 우리는 네가 필요해 우리는 하나'라고 태중의 아이를 받아들이는 노래로 바뀌면서 극은 절정에 이른다. 우리는 하나라는 노랫소리가 귓전을 맴돌고 의젓하게 졸업장을 받는 진우의 진중한 모습이 눈앞에 아른거린다. 운동장에 나오니 그들을 축복하는 양 햇살이 쨍쨍하다.

주변에 수없이 많았을 이런 이웃들을 전혀 이해하지 못하고 약간의 비웃음으로 대했던 것 같아 목덜미가 스물거린다. 학생 시절엔 맨 앞에서만 가다가 사회에 나오고부터 슬슬 남의 뒤통수를 보며 걷게 됐을 때 느끼던 묘한 상실감 같은 것이 얼마나 견디기 힘든 것이었는지 기억하기도 싫다. 요즘 들어서는 그런 일이 다반사가 되었는데도 세상이 다 그런 것이거니 하면서 유유자적하게 됐으니 늙는다는 것이 이렇게 좋은 것인 줄 몰랐다. 이럴 줄 알았으면 힘겹게 줄을 붙들고 아등바등하지 말고 진즉 늙어버릴 걸 그랬나 보다.

죽을 때까지 배운다더니 오늘 아이들의 아픔을 통해 귀중한 깨달음을 얻고 젊은 날의 자기중심적 사고에 대한 회개도 할 수 있었으니 참 좋은 날이다. 춘향이야말로 발칙한 청소년의 조상쯤 되지 않는가? 그렇게 발칙해 보지 못한 것이 이렇게 후회스러울 수가 없다.

2015. 7. 9.

예수님 어떤 게 먼저예요

'내가 너희를 사랑한 것 같이 너희도 서로 사랑하라.'
'땅끝까지 가서 내 복음을 전하라.'

예수님께서 우리에게 하신 당부와 명령이 여러 가지 있지만 크게 요약해서 보면 이 두 말씀이 양대 산맥을 이루고 있는 것 아닐까? 고 이태석 신부의 일대기를 그린 뮤지컬 「사랑해 톤즈」를 보고 앉아서 갑자기 떠오른 생각이다.

10남매를 혼자 기른 어머니가 의사가 된 아들의 혼처가 나온 날 그 아들의 입에서 신부가 되겠다는 폭탄선언을 듣고 하나님께 기도한다. '하나님 너무하십니다. 신부 둘, 수녀 둘 드렸으면 됐지 왜 신부를 또 부르십니까? 우리 태석이는 안 됩니다. 그 애는 의사이에요.

안 됩니다. 안돼요, 못 보냅니다…. 아 제가 잘못했어요. 보내겠습니다. 예수님의 명령을 거역하다니요. 제가 잘못했습니다.'

 불순종을 금세 회개하며 온전히 순종하는 그 어머니의 믿음에 가슴이 먹먹해지면서 부끄러워진다. 나는 어떤가, 저런 수준의 순종은 고사하고 아주 작은 일에도 내 입장에서만 생각하기 일쑤이지 예수님의 생각과 입장은 어떠실지를 먼저 생각하고 행동해 본 적이 있는가? 꼬리를 물고 밀려오는 물음에 도리질을 치며 눈가가 젖어온다. 그 어머니에 그 아들이라는 말이 맞을 것 같다. 신부가 되어 아프리카로 떠난 이 신부는 톤즈라는 아주 작은 마을에 들어간다. 싸움과 가난 질병 등 만신창이의 지옥 같은 그곳에 사랑으로 본을 보이면서 사람들을 예배에 모아들인다. 그러면서 평화롭고 살 만한 곳으로 바꾸어나간다. 학교도 세우고 병원도 세우고, 그야말로 한국의 슈바이처라 할 만한 일들을 한다. 예수를 믿어야 한다는 말을 하는 장면은 거의 없고 오직 사랑과 실천으로 사람들을 감복시키고 그들을 사람답게 살 수 있도록 돕는다.

 극을 보는 내내 떠나지 않는 물음은 사랑과 전도 그 둘이 다 중요한 것을 알지만 과연 그중에 하나를 꼽으

라면 어느 것이 먼저일까? 교회들이 사랑을 실천하라고 가르치지 않는 것은 아니지만 전도훈련에 더 열을 올리고 사랑의 실천은 그다음으로 하고 있는 것 같은 생각이 들어 천주교가 역시 사랑을 우선시하는 것 같다는 생각까지 들었다. 암으로 고국에서 하늘로 떠난 이 신부는 톤즈에 영원히 살아있다.

공연장을 나와서도 한동안 깊은 상념에서 빠져나오지 못하고 어느 것이 먼저냐고 예수님께 계속 물으며 밤길을 걸었다. 순간 사랑을 실천하지도 못하고 메말라 있는 것이 문제이지 우리들의 교회가 문제가 아님을 깨달았다. 다른 사람은 다 하고 있는 그 실천을 바로 너만 못하고 있었음이라는 힐책이 귀에 꽂히면서 수많은 선교사들에게 미안해졌다. 수많은 이 신부들이, 우리의 선교사들이 세계 도처의 오지에서 목숨을 내놓고 충성하며 사랑을 실천하고 있는 것을 잠시 잊은 것이다. 그래, 예수님의 당부는 모든 것이 다 소중하고 지켜 행해야 해, 거기 무슨 우선순위가 있어, 하지만 사랑을 실천하는 전도가 최고의 전도야, 하는 생각이 든다. 믿음 소망 사랑이 다 중요하지만 그중에 제일은 사랑이라 하신 예수님의 가르침을 이제라도 실천해 보라고 말씀하신다.

예수님께 어떤 게 먼저냐고 물으며 마치 우리 교회들

이 무슨 잘못이라도 하고 있는 양 힐책하던 교만이 부끄럽다. 더 힘이 없어지기 전에 노숙자에게 밥이라도 퍼야 하나? 그것보다 먼저 바로 옆에 도움이 필요한 사람이 있으면 외면하지 말고 힘닿는 데까지 도우라고 말씀하신다. 가난 구제는 나라도 못 한다는 옛말을 방패 삼아 내가 어떡해라는 안일한 생각을 버려야겠다.

 시집와서 살면서 계속 희생적으로 살았다고 믿었는데 그것은 희생이 아니라 결국 나 자신을 위한 노력이었을 뿐 결코 사랑일 수 없는 것이었다는 데 생각이 미치자 나 자신이 마치 무슨 벌레 같아 보인다. 이 벌레 같은 나 위해 주 돌아가셨다는 찬송가를 나직이 부르며 현관문을 열고 들어서니 예수님이 웃고 계신다. 너는 벌레 아닌 사랑스럽고 소중한 내 딸이라며 맞아 주신다.

2013. 9. 13.

밀정

―고뇌, 그리고 애국

일제하 독립운동가들을 추적하고 잡아 가두는 선봉장 고등계 형사가 독립운동을 돕는 사람으로 변신하는 극적인 줄거리를 가진 영화다. 일제하 고등계 형사인 이정출(송강호 분)은 무장 독립운동 단체인 의열단을 추적하라는 임무를 부여 받고 의열단의 리더인 김우진(공유 분)에게 접근하면서 서로의 목적을 위해 정보전을 비롯한 전면전을 벌인다.

의열단은 주요시설 파괴 등 큰일을 벌여 나가기 위해 중국에서 폭탄을 들여올 계획을 실천에 옮기려 한다. 이 정보를 입수한 일본 경찰은 상해에 집결하고 드디어 폭탄은 국경을 넘어 경성으로 향한다. 이 과정에서 이정출과 김우진의 정보전이 벌어지고 회유와 협박 등이 이어진다. 그러는 동안 이정출이 변하기 시작한다.

이정출의 변심을 알아챈 일본 경찰의 교활한 대응과 결국 이정출이 조국을 선택하는 행동을 라스트신으로 설정한 이 영화를 보고 애국이라는 것을 음미하게 된다. 밀정 이정출의 고뇌를 공유했을 수많은 일제하의 밀정을 생각해 보게 된다.

많은 이야기를 길게 할 것 같았는데 가슴만 먹먹하고 말이 잘 이어지지 않는다. 애국, 나라 잃은 백성의 설움, 살아남아야 하는 절실한 현실, 그 시대를 살아 낸 사람들만이 해 볼 수 있는 이야기이다. 후세 사람이 주제넘게 왈가왈부하기에는 너무 거대한 담론이 아닐는지 모르겠다.

2017. 8. 5.

암살

　일제하 1933년 상해의 대한민국 임시정부는 노출되지 않은 세 명의 신예 암살단을 지명하고 국내에 파견한다. 파견의식의 엄숙함과 상해 무도장의 화려한 장면이 묘하게 교차하며 서두를 장식한다. 우리 독립군의 저격수 안옥윤(전지현 분), 신흥무관학교 출신 속사포, 폭탄 전문가 황덕삼은 요인 암살의 밀명을 띠고 국내에 잠입한다. 여기에 김구 주석의 신임이 두터운 임시정부 경무국 염석진(이정재 분) 대장이 합류하여 암살 대상자인 조선 주둔군 사령관 카와쿠치 마모루와 친일파 강인국에게 접근한다.

　강인국의 딸의 결혼식 날 사령관도 한자리에 있게 됨을 알아내고 그 자리에서 한꺼번에 처리하기로 계획을 세운다. 강인국의 집에 잠입한 안옥윤이 우연히 그 집 딸이 자기와 쌍둥이임을 알게 된다. 그들의 어머니가 남편과 뜻을 달리하고 도망 중에 쌍둥이를 하나씩 따로 맡기게 된 것이다. 운명의 장난이라고 하기에는 너무 기막힌 상황이다. 자신이 암살해야 할 사람이 바로 아비라니!

안옥윤은 의연히 임무를 수행한다. 강인국 딸의 혼인식 날, 그 딸과 얼굴이 같으니 아무 제지 없이 현장에 잠입한다. 이상하게도 염석진 때문에 실내에서 암살을 끝내지 못하고 밖으로 나와 시가지에서 벌이는 총격전의 장면은 현실감이라는 입장에서 보면 황당하기 그지없지만 관객은 몰입되어 보느라 그런 시비를 걸 겨를이 없다. 안옥윤은 장렬하게 임무를 마치는데 염석진은 오히려 방해꾼이었다. 광복 후 염석진이 경찰 조사를 받는 도중 웃통을 벗어젖히고 흉측한 흉 자국을 내보이고 항일 흔적이라고 항변하며 빠져 나오는 장면은 광복 후 미처 청산하지 못한 친일파 처리 문제와 친일 경찰 논란을 떠올리게 하여 착잡했다.

안옥윤을 보면서 참 많은 생각을 했다. 여전사여서 더 그렇기도 하겠지만 저런 희생 덕에 오늘 자유를 누리고 나라 있는 백성으로 큰소리 치고 살고 있는데 너무 다 잊고 살아온 데 대한 미안함이 제일 먼저 고개를 든다. 저런 입장에 처하게 되면 과연 저렇게 할 수 있을까? 어느 한 구석 자신이 없다. 저런 영웅들을 우리는 세밀히 찾아내서 걸맞게 예우하며 역사에 잘 기록하고 있는가? 그것도 아닌 것 같다. 개 한 마리만 봐도 슬슬 피하는 겁쟁이에게 저런 엄청난 기회가 올 리도 만무하니 구태여 난제를 앞에 놓고 고민할 이유는 없을 것 같다. 기껏 할 수 있는 일이라는 게 미안해하는 일뿐이라니 민망하다.

  폭력은 어떤 명분으로도 합리화될 수 없다지만 나라를 강탈한 큰 폭력 앞에서의 저항은 그 답을 달리한다는 무언의 공식 같은 것이 자동적으로 머리에서 작동되는 것이 나만의 경우는 아닐 듯싶다.

2017. 8. 7.

군함도

나라 없는 백성의 삶이 얼마나 처참한가는 말로 다 형언하기 힘들다지만 일제의 만행은 사상 유례를 찾을 수 없이 악명이 높다. 거기서 그치지 않고 그 죄과를 참회할 생각조차 않는 것으로도 악명이 높다. 자신들의 목적을 위해 식민지 백성들을 물건보다도 하찮게 여기며 마음껏 짓밟고 몹쓸 짓을 다했다. 그 현장 중 하나가 군함도라는 섬이다. 지하 1,000미터가 넘는 최악 상태의 막장에서 석탄을 캐야 하는 생지옥으로 보낼 광부를 우리나라에서 징용이라는 이름으로 강제로 징집해서 끌고 갔다. 그들은 강제 노역을 시키는 일에 그치지 않고 온갖 방법으로 착취를 서슴지 않았다. 강제 노역장의 처참함이란 상상을 초월했고 패전이 확실해지자 증거인멸을 노려 온갖 만행을 저지른 곳이다. 일본은 자국의 근대산업 성공의 현장이라며 유네스코에 세계 유산으로 등재시키는데 성공했다. 유네스코는 일련의 강제 노역의 현장이라는 점과 역사적 만행들을 기재하도록 권고만 하고 등재를 허락했다. 왜 미리 그 모든 사항의 종합적 기재를 마치게 한 후 등재 허가를 하지 않고 사후에 하도록 권고에만 그쳤는지 미스터리가 아닐 수 없다. 일본은 물론 그 후 아무것도 기록하지 않고 있다.

이런 군함도를 대상으로 영화가 제작되었다. 당연히 주제는 일제 만행을 설정했으리라는 막연한 생각을 갖고 더운 날 극장을 찾았다. 노동력 착취를 위해 징용이라는 미명하의 강제징집 현장이나 지옥 같은 군함도 하시마광산의 처참한 만행 이야기가 먼저 전개될 줄 알았는데 잠시 장면들이 좀 비출 뿐 이야기는 악단 공연으로 시작된다.

반도호텔 악단장 이강옥(황정민 분)이 그의 딸 소희(김수안 분)와 신나게 연주를 끝내고 돌아오는데 저지른 죄 때문에 무사할 수 없으니 잠시 일본에 가서 돈이나 많이 벌어 오라는 권유를 받는다. 중추원 고관의 아내와 가진 부적절한 관계가 죄목이었다. 발뺌을 해보지만 이

대로 있다가는 징용에 끌려갈지도 모른다는 정보에 할 수 없이 권유를 받아들이기로 하고 소개장을 받아든 이강옥은 악단원들과 짐을 꾸려 관부연락선에 몸을 싣는다. 딸 소희의 손을 잡고 배에 탄 그는 돈을 단단히 챙겨 넣은 가방을 목숨처럼 움켜쥔 채 희망을 안고 고통을 참으며 바다를 건넌다. 그 배 안에는 여러 종류의 사람들이 영문도 모른 채 타고 있었다.

항구에 내리자 어이없게도 그들을 기다리고 있는 것은 하시마광산으로 징용자들을 끌고 갈 인솔 군인들이었다. 모두 군함도로 가는 배에 옮겨 타야 했고 '나는 이 소개장을 들고 아무개를 찾아가는 악단장이다.'라며 항변해 봐야 그 소리는 아무에게도 들리지 않고 묻혀버린 채 그들 일행도 무리에 휩쓸려 군함도로 간다. 어이없이 탄광 막장에서 사투를 벌이는 강제노동에 시달리게 된 사람들은 도리 없이 지옥생활을 감내할 수밖에 없는 처지에 놓인다. 이강옥은 어린 딸 소희를 지키기 위해 갖은 노고는 말할 것도 없고 일본인들 비위를 맞추고 갖은 수모를 견디며 날을 보낸다. 종로를 누비던 어깨 칠성(소지섭 분)과 이미 와 있던 조선인 광부의 통솔책인 조선인을 묘하게 싸움을 시켜 새 통솔자로 삼겠다는 장면은 분노 없이는 볼 수 없는 대목 중 하나이다.

'인생역정을 나보다 더 겪은 이 누구겠냐?'라는 말년(이정현 분)은 일본인 유곽에 끌려가 일본의 위안부 운영 실태의 일면을 보여주기도 한다. 어린 소희는 춤으로 시선을 끌기도 하고 심상찮은 분위기를 천황폐하만세를 소리쳐 부르는 것으로 반전시켜 위기를 모면하기도 하는 천재 소녀이다. 독립운동가 윤학철(이경영 분)을 이곳 갱도 내 구석에 감금시켜 놓고 있는 일본은 웬일인지 그를 학대하지 않는다. 그는 선생님으로 떠받들림을 받으면서 조선인 광부들의 정신적 지주로 지내고 일본인들은 그를 활용해 조선인 광부들을 통솔하고 진정시킨다.

1945년 일본의 패색이 짙어지자 광복군 소속 OSS대원 무영(송중기 분)이 독립운동가 구출 작전의 일환으로 윤학철을 탈출시키기 위해 하시마광산에 투입된다. 작전을 수행 중에 무영은 윤학철이 광산 소장과 짜고 조선인 노동자들의 임금을 빼내고 사망 보상금까지도 빼돌리는 등 차마 입에 담기 어려운 만행을 저지르고 있음을 알게 된다. 이에 조선인 광부들의 참상을 목도한 무영이 작전을 바꿔, 그들을 도와 전원이 함께 탈출키로 계획을 짜고 그야말로 목숨을 건 탈출전을 감행한다. 극적으로 석탄 운반선에 옮겨 타지만 딸 소희를 겨우 구해 낸 악단장 강옥은 끝내 숨을 거두며 무영에게 소희를 부탁한다.

나가사키에 원폭이 투하되는 장면을 그 배 위에서 바라보는 장면은 압권이다.

영화 줄거리를 얘기하려는 것은 아니었는데 왜 이리도 길어졌는지 모르겠다. 마음에 찜찜한 것이 많아서 독자들에게 우선 줄거리를 알리고 싶었던 모양이다. 영화는 영화일 뿐이다. 그 작품의 완성도와 밀도 자체에만 초점을 맞추고 보자. 요즘 시사점을 던지는 영화들이 많아지면서 끊임없이 일어나는 영화 외적인 분석들에 대한 항변이다. 역시 그래야 한다고 생각하며 영화를 즐기는 편이지만 오늘도 역시 착잡하다.

군함도라는 제목을 처음 들었을 때 그 섬에서 있었던 일제의 만행을 적나라하게 표현하면서 그 과정에서 우리 조선인들의 처참한 생활 그 자체를 몸으로 느끼고, 극한 상황에서 인간의 나약한 모습을 심도 있게 그려냈으리라는 막연한 기대가 있었다. 그랬더라면 더 좋았을 것을 그런 깊이를 느낄 수 없어 허전하다. 교활하고 집요한 징용의 과정도, 광산 노동 현장에서의 인간성 말살이나 고뇌와 갈등도, 일본인들의 몰인간적인 지배자의 민낯도, 어느 것 하나 구체적으로 일제 만행의 실체를 강하게 느낄 만한 구석이 발견되지 않아 멍한 기분이다. 난데없는 윤학철의 친일 행각으로 주제는 완전히 사라지고 본말이 전도되는 느낌이었다. 일본의 만행을 드러내기는커녕 합리화시키는 역작용을 하고 있다는 생각이 들어 불쾌했다. 다큐멘터리가 아니더라도 역사적 사실을 배경이나 주제로 하는 영화를 만들 때는 골격이 되는 주된 역사적 사실만은 크게 왜곡시키지 말아야 한다.

  물론 영화 자체의 예술성이나 흥행을 생각한 구성이나 줄거리 전개 구성들을 예술이라는 큰 틀 안에서 성실하게 해내려고 고심했을 것으로 알지만 아쉬움은 어쩔 수 없이 남는다는 말을 하고 싶다. 요즘 세태가 그렇다고는 하지만 액션물 같은 박진감만 생각했지 극한 상황 속에서의 인간의 고뇌 같은 것은 전혀 고려되지 않은 영화로 보여 실망했다. 쉰들러 리스트를 보고 난 후의 그 절절한 감동이 없고 묘한 여운이 없어 마음 아팠다.

2017. 8. 5.

인천상륙작전
-거대담론을 기대했는데

　역사를 제대로 그렸나 하는 관심을 갖고 보러 갔다. 대한민국의 운명을 바꿨다 해도 과언이 아닐 인천상륙작전은 한국전쟁 중 가장 극적이고 통쾌한 승전이라 할 수 있다. 갑작스러운 남침으로 야기된 전쟁에서 아군은 파죽지세로 밀려 내려가 겨우 낙동강 이남만을 남기는 위기 상황에까지 이르렀다. 이에 유엔군 사령관 더글라스 맥아더(리암 니슨 분) 장군은 인천상륙작전을 구상하고 작전을 세운다. 성공 확률이 5,000대 1도 안 된다며 군이 반대하는 것은 말할 것도 없고 미국 정부까지 나서 강경하게 반대했다.
　전쟁을 이기기 위해 하는 것이라며 장군은 기어코 인천에 상륙해서 전세를 확 바꾸겠다고 벼른다.

드디어 맥아더는 작전을 실행에 옮기기 위해 사전 첩보전을 시작한다. 대북 첩보작전인 X-RAY 작전에 투입된 우리 해군 첩보부대의 장학수 대위(이정재 분)는 부대원을 이끌고 적진 인천에 북한군을 가장하여 잠입한다. 인민군 고위 장교로 가장하고 북의 인천 방어 사령관인 림계진(이범수 분)과 마주 앉는 데까지 성공한다. 정보를 빼내려 시간을 벌고 작전을 수행하는 중 림계진이 옛 기억을 되살려내면서 장학수의 정체를 알게 되고 고도의 첩보전이 극에 달한다.

작전 수행 중 한채선(진세연 분)의 참여로 한층 힘을 받기도 하고 영화도 밀도를 높인다. 신분이 탄로 난 장학수는 단 한 번, 단 하루뿐인 기회를 놓치지 않으려 인천 상륙함대를 유도하기 위한 실제 작전을 개시한다. 부대원과 함께 비장한 각오를 다지며 출정한다. 고투 끝에 드디어 월미도 등대에 불을 밝히는 데 성공하고 그것을 신호로 상륙함대가 작전을 성공시킨다. 역사가 바뀌는 순간이다. 갯벌을 걸어 들어오는 맥아더의 모습은 승장의 당당함이라기보다 오히려 경건함에 가까웠다.

우리 해군의 첩보전이 인천상륙작전을 성공시킨 원동력이라는 것을 처음 알게 되어 뿌듯했지만, 전체적으로 북한군의 무모한 남침이나 인천상륙작전의 역사적 의의 등을 감동적으로 느낄 만한 구성이 없음은 많은 아쉬움을 남겼다. 그저 전쟁 중의 어느 특정 작전의 하나인 인천상륙작전의 성공을 이야기하는 것으로 초점을 맞추고, 우리 해군의 첩보전만을 너무 집중적으로 그려나감으로써 한국전쟁 전사에 중요한 큰 획을 그은 인천상륙작전에 대한 거대담론을 차단한 것 같아 뒷맛이 씁쓸했다. 역사의 무게가 전혀 느껴지지 않음이 나만의 생각일까?

죽음을 각오하고 인천을 떠나기 직전 부대원들에게 가족을 만나고 오게 하고 자신도 어머니를 먼발치에서 바라만 보고 돌아서는 장학수의 모습을 보며 숨이 멎는 듯했다. 상륙작전 성공으로 국군이 행진해 들어오는 장면을 보면서 장학수의 모친(김영애 분)은 아들을 찾으려고 목을 늘이며 발돋움을 한다. 아무것도 모르고 아들을 찾는 어머니를 보면서 납북당한 아버지를 찾던 1950년 9월 28일의 어머니 모습이 겹쳐져 더는 화면을 쳐다볼 수 없었다. 아버지를 놈들 손에 앗기던 날보다 9.28 서울 수복 날이 더 견디기 힘들었다는 어머니, 지금은 하늘에서 아버지를 만나셨겠지.

우리 어머니나 장학수의 어머니 같은 가엾은 어머니

들이 다시는 이 땅에 없어야 한다는 생각으로 주먹이 부르르 떨린다. 또 우느냐는 친구의 애정 어린 핀잔을 들으며 자리를 떴다.

2017. 8. 8.

3

귀향
파종
파리로 가는 길
태풍이 지나가고
남과 여
내 사랑
우리도 사랑일까?
리스본행 야간열차
아무르
동주

귀향

이자 오나
응 왔다
밥 무웃나?
세 식구가 밥 먹는다. 끝

   고향에 돌아온다는 것은 즐겁고 기쁜 일인데 글이나 영화 제목으로 그 낱말을 듣노라면 어째서 어딘지 서글픔, 회한, 허전함, 쓸쓸함 같은 생각이 먼저 떠오르는지 모르겠다. 아마도 문학작품에서 만난 이미지가 그런 잠재의식을 만들어 놓은 것 같기도 하다. 어쩐지 성공보다는 실패한 사람의 몸짓 같다는 선입견이 그 본래의 따뜻함과 촉촉함을 다 앗아가 버리는 것은 아닐까?
   상영이 시작되자마자 폭발적 인기를 누리고 있는 영

화 제목이 바로 이 귀향이다. 일제 강점기하의 여성 수난사 대표 격인 종군위안부 문제가 주제임을 잘 알고 있던 터라 으레 고향에 돌아왔다는 이야기로 알고 영화를 보다가 그 구성이 살아 돌아가는 것이 아니라 죽어서 귀신이 되어 돌아가는 것임을 알고 마음이 깊은 나락으로 떨어지는 아픔을 맛보았다.

굿과 어우러져 펼쳐지는 장면들은 뛰어난 영상미와 더불어 흐느낌조차 사치일 것 같아 차마 어깨를 들썩일 수도 없는 경지로 관객을 몰아넣고 있다.

일제가 못되게 굴고 강제로 소녀들을 끌고 가고 만행을 저지르고 하는 여러 번 들은 이야기를 잘 엮어나간 정도의 영화로 알고 들어왔는데 이건 완전히 상상을 뛰어넘는 구성과 전개에 압도당하고 있는 것이다. 폭력 장면이 너무 많아 몸서리쳐지지만, 그것도 실상의 만분의 일도 못 되리라는데 생각이 미치자 전신이 떨려온다. 저희들이 병들고 지치게 폐인을 만들어 놓고는 치료는 고사하고 아예 산골짝에 몰아넣고 불태우는 장면은 목불인견이라는 말 정도로는 설명이 부족한 상태이다.

패전이 확실해지자 증거를 없애려고 소녀들을 모두 끌어다 골짜기 구덩이에 몰아넣은 후 쏘아죽이고 석유를 끼얹어 태워버리는 그 만행의 자리에서 나비가 된 소녀들이 날아오르기 시작하는데 농익은 미학이 아니고는 설명이 힘든 지경의 장면이다. 처참의 극한 상황 속에서 인간은 또 다른 어떤 아름다움 같은 것을 느낄 수 있다는 게 염치없고 미안했다.

손바닥으로 하늘을 가리려 한 치졸한 만행은 자신들의 죄만 더 키웠을 뿐임을 역사가 가르치고 있다.

우리의 전통 굿을 통해 소녀를 불러내오는 구성으로 아픈 이야기를 실제처럼 끌어나가는 구성은 탄탄한 시나리오의 뒷받침이 아니면 감독의 솜씨만으로는 어려울 것 같다. 할머니가 돼서도 한을 풀지 못하고 있는 당시 소녀의 회상그림 한 장에서 힌트를 얻고 증언들을 채록해 영화를 만들기 시작했다는 감독은 직접 시나리오를 쓰며 울고 소녀들의 화장 장면을 찍을 때 실제로 나비 한 마리가 날아들어 제작진을 모두 울렸단다. 정녕 소녀들은 돌아가지 못하고 거기 있었더란 말인가?

천진하던 외동딸이 그때 그 소녀의 모습으로 고향집에 돌아가 그 시절 그대로의 부모님을 만나는 것으로 영화는 끝난다. 심상한 대사 세 마디가 백미 중 백미라 느껴짐은 무슨 연유일까? 뛰어 들어오는 딸에게 엄마는 '이자 오나?' 딸은 '응 왔다' 아빠는 '밥 무웃나?'

그리고 그 세 식구는 아무 일 없었다는 듯 심상하게

마주 앉아 평상에서 밥을 먹는다. 그 뒤로는 이 영화를 만들 수 있도록 협력한 크라우드 펀딩의 주인공 75,000여 명의 이름 석 자들이 줄을 이어 올라가는 것으로 영화는 끝난다.

아직도 끝내지 못한 한의 역사를 생각하며 영화관 문을 나서는데 햇빛은 시리도록 눈부시다. 순간 그들의 꿈이 산산이 부서지는 현장을 보는 것 같아 고개를 떨군다.

2016. 3. 15.

파종

 봄이 되면 농부는 씨를 뿌리고 여름의 수고를 거쳐 가을이면 한 아름 거두어 안고 함박웃음을 짓는다. 세상사 모두가 이런 씨 뿌림이 있어야 거두는 기쁨을 맛볼 수 있다. 삶의 현장에서는 꼭 자신이 뿌린 대로 거두는 정비례의 법칙이 항상 적중하는 것은 아니지만 뿌리지 않은 것을 거둘 수 있는 사람은 아무도 없다. 하지만 집안이나 나라 같은 공동체에서는 구성원들의 수고로 그 수확을 함께 누리는 행운을 얻게 된다.

 부모를 잘 만난 덕에 큰 어려움을 모르고 살아온 일생인 것을 뒤늦게야 깨닫고 떠나고 안 계신 분들께 감사인사를 드리긴 했지만 나라라는 큰 공동체 안에서 다른 사람들의 덕을 보고 살았다는 생각을 해 본 기억은 그리 많지 않은 것이 솔직한 고백이다. 그저 당연하고 더 누리지 못한 것을 아쉬워했다.

국제시장이라는 영화 제목을 처음 대했을 때 국제무역시장에서 우리의 현황을 주제로 다룬 영화인 줄 알고 관람 우선순위에서 일단 뒤로 미뤄 두었다. 연말이면 만나는 친구가 지방에서 올라왔기에 무작정 영화관에 가기로 했다. 밥 먹고 한참 회포를 풀고 나니 시간을 보낼 다른 것이 필요해서다. 요 며칠 사이에 영화 몇 편을 본 후라서 뒤로 미뤘던 국제시장을 보자고 제의했더니 의외로 모두들 그것을 보아야 한다고 대찬성이었다. 고개를 갸웃거리며 영화관에 들어섰다. 영화의 첫 장면에서부터 뒤통수를 한 대 세게 얻어맞은 것 같은 충격은 화면에서 눈을 뗄 수 없이 만들었다. 세계 전쟁사상 3대 철수작전 중 하나라는 유명한 흥남철수 장면을 리얼하게 그려내는 속에서 손을 놓친 딸을 찾으러 사지로 뛰어드는 아버지를 보면서는 가족을 뒤로하고 내무서원 손에 끌려가던 아버지의 모습이 겹쳐지면서 목울대를 짓누르기 시작한다.

6.25전쟁의 참혹상과 동족상잔의 비극을 말하는 사람들에게 눈을 흘기면서 북침설을 흘려가며 해괴한 논리로 엉뚱한 통일 논리와 민족을 도와야 한다는 그럴듯한

궤변으로 전후세대를 혼돈케 만드는 사람들, 무조건적으로 북을 싸안는 것만이 통일의 첩경인 것처럼 떠드는 몰지각한 군상들과 한 하늘을 이고 살아야 하는 또 다른 비극, 이것이 오늘의 우리 현실이다. 그들은 저 장면을 보고 어떤 생각을 할까?

  기어이 아버지는 돌아오지 못했고 어린 아들은 가장이 되어 집안을 지키라는 아버지의 유언 아닌 유언을 지키느라 피땀을 다 쏟아가며 살아간다. 부산 피난시절의 애환, 경제 성장기의 중심에 선 주인공 덕수는 독일 차관의 보증용으로 파독 광부가 되어 남동생을 공부시키고 거기서 파독 간호사와 사랑에 빠진다. 돌아와 채 숨을 돌릴 사이도 없이 여동생의 혼인 자금을 마련해 주려고 월남전에 파병된다. 그 당시로서는 손에 쥐어보기 힘든 엄청난 보수 때문에 자원해서 간 길들이었지만 그들의 그 노고의 대가로 우리 대한민국은 경제 발전을 이룩하였고 세계 20위 권의 경제대국으로 발돋움할 수 있는 기틀을 다졌다. 그분들의 희생이 씨앗이 되어 오늘 이런 어마어마한 수확을 가득 안고 누리게 된 것이다.

  독일 탄광에서 사투를 벌이다시피 하는 그들의 노동 현장을 보면서 갑자기 얼굴을 들 수 없을 만큼 부끄럽고 미안해졌다. 마치 그들 중 누군가가 나를 빤히 쳐다보고 있는 것 같아 숨고 싶었다. 병원 지하실에서 시체를 닦는 간호사들을 보면서는 여고 동창 파독 간호사 ○○가 떠올랐다. 거기서 좋은 남편을 만나 성공한 친구지만 공연히 가슴이 아파왔다. 그분들의 노고에 대해 단 한 번도 감사한 생각을 해 본 기억이 없다는 점이 지금 나를 비참할 정도로 미안하게 만들고 있는 것이다. 탄광에서 사고로 생사를 넘나들며 고생하고 있을 때 나는 뤼브케 독일 대통령의 방한을 취재하느라 분주히 쫓아다니며 좋은 곳에 가서 좋은 음식 먹으며 희희낙락했던 일이 이렇게 미안할 수가 없다. 물론 기사를 놓치지 않으려고 바늘 끝 같은 긴장감 속에 취재 경쟁의 싸움터에 서 있긴 했지만 그것은 아랫목에 누워서 쫄깃한 인절미를 먹고 있는 형국이 아니던가 말이다. 시민회관에서 열린 뤼브케 대통령 환영 한독 친선음악회에서는 로얄석에 앉아 감미로운 선율에 취해 무릉도원을 넘나들고 있기도 했다.

  정말 미안하다고 되뇌는 동안 화면은 이산가족 찾기 방송의 눈물바다로 이어졌다. 흥남 뱃전에서 손을 놓쳐 덕수를 평생 미안함의 죄책감에 시달리게 했던 여동생과 로스앤젤레스에서 극적인 화상 상봉을 하는 장면은 장내를 흐느끼게 한다. 아버지를 끝내 만나지 못하는 것 말고는 해피엔딩으로 막을 내리는 영화 줄거리지만 대한민국의 65년을 한 편에 간추려 담았다. 그것도 성공의 이야기를 말이다.

그렇다, 우리는 비극적 전쟁을 겪었지만 쓰러지지 않고 폐허를 딛고 일어섰다. 세계를 누비며 목숨 걸고 일해서 오늘의 경제 대국을 이루어냈다. 바로 덕수 같은 분들과 그 아내 같은 분들의 희생이 씨앗으로 뿌려져 오늘 대한민국이라는 거대한 창고를 가득 채워주게 된 것이다. 이 철없는 아낙은 그분들의 노고로 벌어들인 소득에 의지해서 잘 먹고 잘 살아왔다. 이제야 그 공로를 발견하고 미안한 마음을 갖게 일깨워 준 영화 한 편에 눈물의 인사를 올린다. 고맙다고 정말 고맙다고. 그리고 오늘을 파종한 그 영웅들에게 진심으로 미안하다고.

친구가 옆구리를 쿡쿡 치는 것도 모른 채 멍하게 서 있는 눈앞에 덕수가 아내의 손을 잡고 환하게 웃고 있다. 그들의 주름살조차 줄지어 선 튤립 꽃밭의 이랑 같아 보인다. 미안하다. 미안하다. 용서를 빈다, 그동안의 무임승차에 대해서. 월남전 생사의 갈림길에서 우리 자식이 아닌 우리가 겪으니 얼마나 다행이냐? 우리 애가 막장에 갔으면 어쩔 뻔했냐? 이런 전쟁터에 그 애를 보냈다면 얼마나 걱정되겠냐? 우리가 겪고 우리 자식들은 이런 일 안 겪어도 되게 하면 얼마나 좋겠냐고 아내에게 편지를 쓰는 덕수의 소탈한 모습이 시야를 가려 얼마 동안 멍하니 빈 화면을 보고 서 있었다. 우리가 정말 지금 그런 애들의 세상을 잘 만들어가고 있는 것인가? 정말 그래야 할 텐데 정말 그렇게 되어가고 있는 것 맞나? 또 다른 희망의 파종을 서둘러야 한다. 밝은 미래를.

2014. 1. 30.

파리로 가는 길

　영화제작가로 성공한 남편 마이클(알렉 볼드윈)과 사업차 동반 여행 중인 여주인공 앤(다이아 레인 분)은 칸 영화제를 마치고 함께 다음 출장지 부다페스트로 가기 위해 공항으로 이동한다. 귀에 이상이 있는데 그 상태가 안 좋아 경비행기를 타고 가기엔 힘들 테니 자기와 함께 자동차로 이동하자는 자크(아르노 비야르)의 제의를 받아들여 남편만 떠난다.

　남편의 동업자이자 친구인 자크는 자신이 어차피 파리에 가야 하니 승용차로 가면 남편이 부다페스트에서 일을 마치고 파리로 오는 때와 비슷하게 도착될 수 있어 일정이 딱 맞는다며 앤을 자기 차에 태운다. 아내를 남겨 놓고 떠나기가 좀 신경 쓰이는 듯한 친구 마이클에게 자크는 '내가 잡아먹을까 봐 그러냐?'며 농담을 던진다.

자크는 우선 밥부터 제대로 먹어야 한다며 여기 와서 이걸 안 먹고 가면 안 된다, 여기를 안 보고 가면 안 된다, 파리가 어디로 떠나가지 않는다, 천천히 가면 된다, 해 가며 이들의 프로방스 여행은 시작된다. 그곳을 가 본 사람은 추억에 잠겨 좋고 못 가 본 사람은 세상에 이런 좋은 관광을 영화 속에서 하다니 해 가면서 쾌재를 부르게 영화를 만들었다.

세잔에서 모네까지, 로마 점령시의 로마유적들까지 길섶의 풀 한 포기를 어떻게 해 먹으면 맛있다는 것까지 박학다식한 수다를 이어가며 여자의 아킬레스건을 유감없이 건드려가며 먹을 것으로, 꽃으로, 분위기 있는 호텔로, 마치 입의 혀처럼 앤을 모셔가며 여행을 계속한다. 자신의 카드가 안 되고 현금이 모자라니 앤의 카드를 빌리자며 자연스레 앤의 카드로 모든 결제를 해 가며 자연과 대화를 즐긴다. 그동안 프랑스 해변 길에서 리옹으로 숲속으로 시골길로 산길로 넘나들며 마치 관광열차를 탄 기분이 들게 만든다.

틈틈이 전화를 걸어오는 남편은 아직 파리에 안 가고 뭐하고 있는 거냐면서 자크가 프랑스 남자임을 잊지 말라며 초조한 마음을 전한다. 괜찮다는 아내에게 급기야는 프랑스 남자는 유부녀 같은 것 개의치 않는다고 경각심을 높이지만 앤은 가볍게 웃어넘기고 전혀 긴장하지 않는다. 파리를 얼마 남겨 놓지 않은 곳에서 유명한 대성당 안내 표지를 보고 동시에 탄성을 지르며 고속도로를 벗어난다. 그곳 성당에 들러 촛불을 켜고 경건하게 기도하며 눈물을 흘리는 앤에게 다가간 자크에게 앤은 첫아이를 39일 만에 잃고 이내 못 견딘 첫 남편이 떠나갔다고 술회한다. 아직도 그 아이의 사진을 넣은 목걸이를 걸고 다님을 차에서 보았던 자크는 다감하게 앤을 위로하며 가까워진다.

파리에 도착해서 여장을 풀고 있는 앤에게 자크는 여행 중 선물했던 커다란 장미 바구니를 방에 올려다 주며 의미 있는 인사를 던지고 나간다. 뒤이어 배달되어 온 것은 장미꽃 모양의 초콜릿 상자와 그동안 결제한 카드 대금의 영수증을 첨부한 현금 봉투였다. 그리고 카드에는 자기가 어디 어디에 밥을 먹으러 간다는 간단한 글귀만 적혀 있었다. 장미꽃 바구니와 초콜릿 상자를 번갈아 쳐다보던 앤이 초콜릿 상자에서 장미꽃 모양 초콜릿 하나를 집어 들고 눈을 찡긋하며 경쾌한 표정으로 똑소리 날 정도로 힘차게 깨물어 먹는 것이 라스트신이다. 출장에서 달려오는 남편 마이클과 정감 어린 매력 덩어리 프랑스 남자 자크, 둘 중 누구에게 앤의 발걸음이 옮겨질지는 관객의 생각 따라 다르겠지만 정답은 이미 나와 있다.

  이 영화는 줄거리가 중요한 것이 아니라 전편을 흐르는 아름다운 경관과 지극히 자연스러운 속에서 잔잔히 흘러가는 정감 어린 남녀의 파리행 여행길에 동승한 기분, 몸도 마음도 온전히 그들이 되어 가고 있는 그 즐거움이다. 그것으로 족하다. 앤이 어디로 가든 그것은 조금도 중요하지 않다. 그것이 이 영화의 메시지다. 아 그저 인생은 그런 거야, 아름다운 경관은 역시 좋아.

2017. 8. 12.

태풍이 지나가고
-잔잔하게 전하는 가족의 가치

일본영화라 분위기가 생소하다. 묘한 일본의 문화, 가정, 가족을 조금 알 것 같은 기분이다. 영화는 참 그 나라를 이해하는 첩경이라는 생각이 들었다.

왕년에 잘 나가던 사설탐정 료타(아베 히로시 분)가 태풍으로 인해 오랜만에 가족과 함께 하룻밤을 지나게 되면서 이야기는 시작된다. 작가를 지망하며 왕년의 명탐정이었던 때처럼 영광을 누릴 날을 기대하고 사는 료타, 그가 좀 더 나은 생활을 할 수 있는 능력 있는 남편이 되기 바라는 아내 쿄코(마키 요코 분)는 어른은 사랑만으론 살아갈 수 없다고 말한다.

열심히 일하며 살아가는 엄마를 보며 잘 자라가는 아들 싱고는 아빠에게 '아빠는 뭐가 되고 싶었어?'라고 물으며 '그래서 되고 싶은 사람이 됐느냐'라고 진지하게 묻는다. 빠르게 변해가고 있는 아들에게 '원하는 어른이 그렇게 쉽게 되는 것이 아니다.'라고 답한다. 일상의 크고 작은 일들을 차분히, 진부할 정도로 차분히 이어가는 화면이 흘러가는 동안 태풍도 배경처럼 지나간다. 시나브로 태풍이 지나가고 다시 일상을 향해 떠난다.

태풍 덕에 오랜만에 온 가족을 한 집안에서 품고 지낸 할머니 요시코(키키 키린)는 빠듯하게 사는 살림이지만 불평이 없다. 그저 가족 모두와 행복하면 좋겠다는 희망만 지니고 살아가는 소시민이다. 노년을 잘 견디며 그래도 날마다 즐겁게 살아가야 하는 것이 인생이라고 나직한 목소리로 읊조린다.

덤덤할 정도로 기복 없이 영화 한 편이 끝난다. 일본영화를 많이 보지 않았지만 일본영화에서 느끼는 공통의 어떤 분위기 같은 것은 똑같다는 느낌을 받으며 일본인의 진면목을 과연 얼마나 알고 있을까? 하는 의문이 던져졌다. 저 잔잔함 속에 전하고 있는 뚜렷한 메시지는 우리가 아는 역사 속의 일본인과 너무 달라서 머리가 복잡해진다.

삶의 진수가 무엇인지 깊이 생각해 보게 만드는 영화이다.   2017. 8. 8.

남과 여

　사랑이 뭘까? 많은 말로 정의될 수 있겠지만 정답이 있을 것 같기도 하고 없을 것 같기도 하다. 전통적으로는 사랑하면 혼인해서 아이들 낳아 기르며 오순도순 잘 살다가 때가 되면 세상을 떠나는 것이 가장 행복한 삶이라는 막연한 기대가 그대로 가치관이 되어 많은 사람들 머릿속에 각인되어 있는 것은 아닌지 모르겠다. 물론 사랑이 무언지도 모르고 하는 혼인도 있고 나이가 차면 애써 배필을 골라 사랑할 예정으로 혼인하는 것이 우리네 결혼이라고 말함이 더 정답에 가까울 수도 있다. 그런 가치관이 흔들리면서 혼자 살겠다는 처녀 총각이 봇물을 이루다시피 하여 대부분의 가정들이 혼기 넘긴 아들 딸을 모시고 사는 세상이 되었다. 이혼도 많이 늘고 재혼에 대한 시각도 달라지고 증가율도 높지만 아직도 유부녀 유부남과의 사랑은 불륜 중 불륜으로 단칼에 매도되고 발붙일 곳이 없는 것이 우리 사회 결혼관이다.

눈 쌓인 핀란드의 국제학교에서 상민(전도연)과 기홍(공유)이 학부모로 우연히 만나는 데서 영화는 시작되고 있다. 아이들이 수련하러 간 북쪽의 먼 곳에 있는 캠프장에 우연히 동행하게 되는데 폭설로 길이 끊긴다. 숲속의 빈 오두막에서 묵게 된 남녀는 뜨거운 밤을 보내고 이름도 서로 묻지 않은 채 그냥 헤어져 각자의 자리로 돌아간다. 우연히 슬쩍 스치는 일이 몇 번 있어도 그저 심상히 살아간다. 아무 일 없었던 것처럼.

한국에 돌아와 남편과 여전히 잘 살아가고 있는 상민 앞에 8개월쯤 후에 홀연히 기홍이 나타난다. 우연히 아주 우연히 또 만나게 된다. 일부러 찾아나서는 것도 아니고 그저 일상을 살아가고 있는데 그 삶의 현장에서 거짓말처럼 만나게 되는 이들은 또 서로를 안고 자신들을 태운다. 이제 자신들의 자리로 돌아가리라 다짐하고 일깨워가며 다시는 아니 만나리라 다짐하지만 결국 사랑의 감정에 끌려 서로를 찾아 나서고 사랑에 솔직한 것으로 막을 내린다. 북국의 설정에 눈이 시리고 이국의 풍경들이 신선함을 선사해서 더 경이롭기도 하지만 줄거리로 보면 불륜 중의 불륜인 기막힌 장면들을 보면서도 전혀 지저분하다는 생각이 들지 않는 자신이 경이롭다 못해 괴이쩍기까지 하다.

내가 미쳤나? 늙어서 망령이 났나? 기존의 결혼관 가족의 가치 같은 거추장스러운 것들의 방해를 전혀 받지 않고 오롯이 그들의 사랑에 함께 녹아내리고 있는 이 마음의 정체가 대체 무엇이란 말인가? 설경이 펼쳐내는 순백만큼이나 그들의 사랑이 순수해 보이고 아름다웠다. 아마도 저런 사랑 한 번 못 해 본 것이 못내 아쉬운 것이 솔직한 심경은 아닐는지 모르겠다. 요즘 줄곧 하는 생각, '늙는 것이 좋기도 하다.'는 중얼거림이 입술을 밀고 올라온다. 그래 이게 다 늙음 덕이야. 사랑, 그래 그 자체면 됐지 뭐 이러쿵저러쿵할 게 있어? 더구나 남의 사랑을 가지고 요즘 같은 세상에.

무던히 살고 이제야 사랑의 정체를 알 것 같으니 무슨 소득이 있으랴. 이런 영화나 열심히 골라 보며 살아야겠다. 참 우리나라 영화 잘 만든다.

2016. 3. 17.

내 사랑

　숙모에게 얹혀살던 모드 루이스(샐리 호킨스)가 어느 날 독립을 선언하고 무작정 집을 나가 광고 쪽지를 들고 가정부를 구한다는 집으로 향한다. 아주 외딴 곳에 세상에서 가장 작을 것 같은 집 한 채가 오뚝 서 있다. 생선을 팔고 막일을 해 가며 사는 에버렛 루이스(에단 호크)의 집이다. 다리가 부실한 장애인인 데다 몸이 너무 말라 일할 것 같지 않아 보이는 모드를 보고 기가 막힌 에버렛은 모드에게 그냥 가라고 하지만 멀리서부터 걸어왔으니 차 한 잔 달라는 모드에게 말없이 잔을 건네면서 둘의 오두막 생활이 시작된다.

　혼자 사는 것이 몸에 밴 에버렛에게 좁은 공간에서 모드와 함께 지내는 것은 가사 도움을 받는 것보다 오히려 돌봐야 하는 것 같은 거추장스러운 일로 다가온다. 티격태격하면서도 모드를 내치지 않고 구박하면서도 슬슬 돕는 에버렛 곁에서 살아가면서 모드는 자신이 하던 일, 그림을 그린다. 처음에는 집안을 조금씩 치워가며 선반에 색칠을 하고 벽에 꽃, 새, 나무 등을 그리고 창문, 출입문, 벽면 등이 그의 캔버스가 되어 간다. 핀잔을 들어가면서도 그린다. 이내 컵, 접시 등 그릇은 말할 것도 없고 에버렛이 싣고 오는 허접쓰레기 물건들에서 판자 조각들을 골라 그림을 그려 작품을 만들어 나간다. 그냥 만들어 나갈 뿐이다.

어느 날 웬 여인이 찾아와 그림을 발견하고 팔라고 한다. 그냥 그리고 싶어 그렸을 뿐인데 관심을 갖는 사람이 생기고 주문하고 팔게 되면서 그는 자연스레 화가가 되어 간다. 그림을 파는 일에 보호자로서 끼어들어 판매주도권(?)을 행사하며 남편이 되어가는 에버렛의 변화도 재미있다. 닉슨 부통령이 그의 그림을 샀다는 선전문이 붙으면서 집 밖에 그림 판다는 광고문을 세워놓게 되고 사람들이 드나들며 그림을 사고 입소문이 퍼져 나간다. 드디어 TV방송이 달려와 인터뷰를 하고 사람들은 몰려든다. 살갑지 않고 집안을 다 말아먹은 오빠가 방송을 보고 찾아와 함께 돌아가자고 말을 건네다 모드에게 망신만 당하고 돌아간다.

진정 부부로 살자는 뜻으로 침대에서 다가가는 에버렛을 거부하며 아픈 상처를 두 번 받고 싶지는 않다고 말하는 모드에게 연민의 정을 느끼며 에버렛은 모드의 뜻을 존중한다. 그녀의 아픔은 자신이 딸을 낳자 기형아라고 오빠와 가족들이 땅에 묻어버렸다는 것이다. 자신에게는 보여주지도 않은 채. 저승길을 재촉하는 숙모를 마지막 보러 간 그에게 들려준 숙모의 고백, 그 아이는 건강한 아이였으며 기를 능력이 없는 장애인 어미에게 맡길 수 없어 집안의 짐이 된다며 부잣집에 팔았다는 것이다. 그녀의 오빠 찰스가.

에버렛은 도움을 받기는커녕 자기가 일은 다 하고 모드는 그림만 그리며 오히려 일을 만들어 낸다고 불평하면서도 싫지 않은 표정으로 집안일도 하고 그녀를 잘 도와준다. 처음 모드를 찾아와 그림을 인정해주고 사주면서 모드를 화가로 이끈 고마운 여인은 끝내 누구인지 설명되고 있지 않지만 모드에게 그림을 배우고 싶다고 말하는 것으로 보아 화가 지망생인 애호가 정도로만 비치고 있다. 모드는 그림을 배우는 것이 아니라 그리는 것이라고 말하며 자기는 자유롭게 많은 것을 보러 다닐 수 없지만 어디선가 한 번이라도 본 것을 기억에서 찾아내 그린다고 했다.

영화 전편이 강한 클라이맥스가 있는 것도 아니고 복잡한 이야기의 구성이 있는 것도 아니다. 두 사람이 오두막 같은 작은 집에서, 그것도 한 채밖에 없는 단절된 공간에서 살면서 같이 숨 쉬고 먹고 자고 일하고 그리고 희로애락을 함께 하면서 담담히 살아가는 과정을 보여 줄 뿐인데 그 안에 사랑도 있고 인생이 녹아있음을 다 보고 나서야 가슴에 멍멍하게 전해온다고나 할까? 그런 영화다.

말없이 어느 저택 앞에 차를 세우더니 내리라고 하는 에버렛의 안내대로 영문 모르고 내린 곳이 모드의 딸이 자라고 있는 집이었다. 현관문을 열고 잠시 나왔다가 들어가는 장성한 딸을 대문 밖 나무 뒤에 숨어 숨죽이고 바라보다 돌아오는 모드는 차 안에서 흐느낀다. 우리나라 70년대까지의 영화에서 자주 보던 장면이다.

운명 같은 만남으로 시작된 인연을 혼인식도 올리고 그야말로 운명처럼 살아간 두 사람이 그려나가는 일상의 생활이 바로 사랑이었음을, 영화를 보는 동안 관객은 이미 눈치 채고 가슴 따뜻한 시간을 보낼 수 있어 좋았다. 모드를 먼저 떠나보내며 나는 처음 본 순간 내 사람이라 생각했다는 고백은 모드를 편안히 떠나보낼 수 있는 절묘한 조사가 아니었을까? 전편을 흐르는 고운 풍경, 짧고 투박하지만 진솔한 대사, 이런 것들이 버무려 낸 수작에 속하는 애정물이다.

2017. 8. 9.

우리도 사랑일까?

 비행기 안에서 우연히 만난 남녀가 알고 보니 이웃집 사이였다. 행복하게 잘 살던 젊은 주부가 이웃 사내에게 이유 없이 끌려 사랑에 빠지는 영화이다.
 마고(미셸 윌리엄스 분)는 남편 루(세스 로건 분)와 아주 단란하게 사는 결혼 5년차 주부이다. 프리랜서 작가인 그는 요리책 작가인 루와 연인처럼, 어느 때는 마치 오누이같이 지내며 신혼처럼 풋풋하게 살아간다. 남편 루는 다정하고 긍정적인 성격이지만 애정표현은 크게 기복이 없다. 우연히 스친 대니얼을 이웃에서 자주 만나게 되면서 마고는 남편 루와 다른 저돌적인 듯한 대니얼(루크 커비 분)에게 이상하게 자꾸 끌려 들어간다.
 화가 지망생인 대니얼은 인력거를 끌며 생계를 이어

가는 불안정한 상황이지만 거침없고 솔직한 성격으로 마고를 설렘에 빠지게 한다. 남편에게서는 편안하고 모든 것이 익숙한 평안함이 있으나 대니얼을 만나고부터 그런 평안함이 뜨뜻미지근하게 느껴진다. 딱 집어 말할 수 없으나 남편의 편안함과 익숙함이 오히려 불만스러워지기 시작한다. 그런 반면 대니얼은 만날수록 매력적이고 강렬한 짜릿함을 안겨준다.

우연한 만남이 지속적인 만남으로 이어지면서 마고는 남편의 편안함과 대니얼의 저돌적 매력 사이에서 짜릿한 줄타기를 하게 된다. 고민하던 마고가 남편과 대니얼 두 사람 모두에게서 떠나기로 하지만 결국 대니얼에게 달려가고 만다. 사랑의 불꽃을 뜨겁게 불태우고 난 후 서로 헤어진다.

영화를 보는 동안 전혀 불륜이라는 생각이 비집고 들어오지 않는 것이 이상했다. 마고의 줄타기에 함께 발을 걸치고 있음을 발견한 것은 영화관을 나오면서였다. 그래 그럴 수도 있겠다. 자신이 가진 것보다 남의 것이 좋아 보이듯이 남편에게 싫증이 나거나 사랑하지 않아서가 아니라 어쩔 수 없이 끌려 들어가는 강한 자력 같은 사랑, 그 사이에서 감정에 솔직하게 마음껏 줄타기를 즐기는 마고가 오히려 순수해 보인 것 같다. 이럴 때 '내 마음 나도 몰라.'가 마고가 할 수 있는 말이라면 나 역시 내 마음 나도 모르겠다. 아무튼 그들의 사랑이 그냥 아름답다.

실컷 달구고, 태우고 식히고, 할 것 다 하고 나서 '우리도 사랑일까'라고 물으면 대답은 누가 어떻게 하라는 건가? 지지고 볶고 사느라 그저 부부생활을 해 나가며 별 탈 없이 살아왔지 사랑 같은 것 못해 본 것이 바보같이 느껴지기만 했는데 짝꿍을 하늘 보낸 후에야 아 우리도 사랑했구나, 바로 이것이 사랑이구나, 하고 깨달으면서 주체할 수 없이 미안하고 후회스러워 미쳐 버릴 것 같던 아둔한 아낙이 무슨 사랑 타령을 하랴. 약간 불편하다고 느낀 샤워 꼭지를 소리 없이 고쳐 준 남편, 전혀 불편 없이 쓸 수 있는 샤워 꼭지를 틀어놓고 흐르는 물줄기를 맞으며 하염없이 울고 있는 마고가 바로 우리 여인들 대부분의 처지가 아닐까? 사람은 제 마음을 미루어 남의 마음도 헤아린다니 편견일 수도 있다.

너 죽고 나 살자는 식의 험한 다툼이나 가족이나 주위 사람들의 수군거림이나 무슨 일을 내고 말 것 같은 심한 질투나 그런 것을 동원하지 않고 차분하고 잔잔하게 가슴 밑바닥의 진심을 여과 없이 드러내면서 감동을 안겨주고 가정파탄이라는 불행의 그림자보다는 인간의 솔직한 단면을 잘 드러내 주어 큰 울림 담긴 감동을 주는 영화이다. 인간의 행복이란 생각하기 나름이다.

2017. 8. 9.

리스본행 야간열차

 동지, 신념, 선망의 대상이 되는 낱말이다. 누군들 신념 없는 사람이고 싶겠는가? 든든한 동지와 함께라면 힘든 세상을 살아가기가 한결 수월할지도 모른다. 좋은 동지를 갖고 싶기도 하고 나 자신이 누군가에게 든든한 동지이기 바라는 게 인지상정이다. 우리가 여러 가지 소용돌이치는 역사를 헤쳐 나오는 동안 어쩌면 이 좋은 낱말들이 특정 집단의 부정적 이미지로 각인된 부분은 없는지 모르겠다.
 시간을 보내야 될 형편이 생겨 영화관을 찾았다. 무조건 남는 시간을 보내기에 적당한 영화를 찾았다. 둘 중에 고르라는데 제목이 어쩐지 낭만적일 것 같아 리스본행 야간열차를 샀다. 포르투갈을 못 가서 안달이던

차에 그 목마름도 좀 덜 것 같고 야간열차가 어딘지 모르게 구미를 당기는 것이 솔직한 심정이다. 평화롭게 간단한 아침을 먹던 평범한 남자가 무심히 창밖을 내다보다가 놀라 뛰쳐나가면서 이야기는 시작된다.

출근길에 자살하려는 여자를 구하려다 놓치고 그 여인의 빨간 코트를 집어 든 채 늦은 출근을 한 주인공은 고등학교 교사다. 허둥대는 선생님의 이상한 모습에 어리둥절한 학생들 앞에서 의연하게 수업을 시작하지만 이내 또 그 여인의 모습이 멀리 보이자 교실을 빠져나와 그 코트만 쥐고 뛰기 시작한다. 그 코트와 함께 얻게 된 책 한 권을 들고 여인 대신 그 책 주인의 행적을 찾기 위해 서점을 찾아간다. 엊그제 어느 여인이 사 갔다는 것과 출판사를 비롯해 여러 가지 이야기를 해주는 책방 주인을 뒤로한 채 그 진원지를 찾아 리스본행 야간열차에 몸을 싣는다.

그 책에 나오는 사람들의 행적과 그들을 찾아 증언을 듣는 형식으로 짜인 영화는 리스본과 포르투갈 바다의 경관을 후원 삼아 볼거리도 제공하며 야릇한 긴장감을 더해 가면서 관객을 끌고 가는 데 성공한 편이다. 포르투갈의 민주화 운동을 배경으로 한 줄거리는 역시 젊은 학생들의 활동을 주 내용으로 하면서 그들의 애증 어린

과거를 훑어가는 형식이다. 동지를 지키기 위해 손가락이 무참히 잘린 피아니스트, 그는 깨진 꿈을 가슴 속 깊이 묻고 절망의 삶을 살다가 이제 늙고 병들어 양로원에 수용되어 있다. 그의 조카딸이 호기심에 찬 이 내방객을 안내하다가 사랑이 싹터 끝내 주인공은 리스본발 야간열차에 몸을 싣지 못한다.

그 책의 저자는 민주화 운동의 동지 중 한 사람이고 또 한 사람의 동지는 저자에게 애인을 뺏기자 분을 참지 못하고 그들을 떠난 후 무엇을 하고 살았는지는 모르지만 골초가 되어 폐인에 가까운 모습으로 살아간다. 책의 저자는 의사가 되어 자신들을 고문하고 동지들을 괴롭히는 형사 리스본의 악마가 사경에 처하자 위기에서 목숨을 살려내는 의사의 소임을 다한다.

그 일로 동지들에게 따돌림을 당하고 또 다른 면으로 힘든 세월을 살다가 지병으로 생을 마감한다. 그 오빠의 한을 가슴에 대신 묻은 여동생이 평생 자신의 내면에 박제된 오빠의 환상을 위해 책을 엮어내고 역사를 전한다. 극히 적은 부수의 한정판을 냈건만 스위스의 서점에서 그 악마의 손녀딸이 우연히 그 책을 손에 넣게 된다. 읽다가 양심의 부끄러움을 견딜 수 없어 강에 몸을 던지려다가 이 주인공에게 발견되어 목숨을 건진 것이다.

두 동지의 애인이었던 운동권의 전설적 여인을 경관 좋은 바닷가 별장에서 만난 주인공은 실타래를 다 풀기는 했으나 유일하게 건강한 노년을 보내는 그를 보면서 착잡하고 묘한 기분을 안고 귀국을 결심한다. 어떻게 사는 것이 잘 사는 것인지 신념이 무엇이고 동지가 무엇인지 그리고 인생에게 사랑은 어떤 의미와 무게를 지닌 것인지 등등의 화두를 던져주는 영화 한 편을 뒤로하고 약속장소로 달려가는 마음은 형언하기 어렵도록 복잡하면서 미소를 짓게 한다. 리스본역에서 여인의 은유적인 사랑 고백, 가지 말라는 말보다도 안 가면 안 되겠느냐는 속삭임에 마냥 허공을 보며 서 있는 그 남자가 사랑스러우면서 인상적이다.

  한세상 살아오면서 뜨거운 동지애를 느끼는 그런 동지가 되어 본 적이 있는가? 신념을 위해 목숨이 위협받는 절체절명의 순간에 직면했던 기억이 있는가? 둘 다 아니다. 소신에 따라 앞장선 일은 많지만 그 일로 목을 내놓아야 하는 지경에 몰려 본 적은 없다. 사랑은? 그 또한 가슴을 불태워 본 기억이 없다. 독신주의를 좀 고집하다가 이내 꺾이고 남들처럼 한 남자 만나서 애 낳고 한 가정의 중심으로 그냥 열심히 살아왔을 뿐이다. 남편이니 소중했고 서로 둘밖에 모르며 아웅다웅 살아왔다. 어미로 충실하려 애썼고 아직은 대과 없이 살아온 셈이다. 연전에 먼저 떠나보낸 후 새삼스럽게 그리움에 떠는 것이 사랑이라면 사랑일는지 모르지만, 불꽃 같은 기억은 어느 구석에도 없는 인생이었다. 왜 여자가 차별 받아야 하느냐고 목소리를 높이는 일에 열을 올린 것이 불꽃이라면 그럴 수도 있기는 하지만.

2014. 8. 15.

아무르

  사람의 수명이 120살이라는 말이 끔찍하게 들리는 것은 비단 나만의 일은 아닐 것이다. 늙은이가 죽고 싶다고 하는 말은 3대 거짓말 중의 하나라고 하지만 생명이 이토록 연장된다면 진정 그런 말이 저절로 나올 것 같다. 건강하게, 그리고 왕성하게 일할 수 있다면 몰라도 근근이 명을 이어가면서 그 나이까지 산다면 과연 복 받은 것일까? 아무래도 아닌 것 같다. 하물며 정신 줄 놓고 가족에게 폐만 끼치면서 산다면 그것은 고역을 넘어 형벌이 아닐까? 그러나 이런 모든 것이 자신의 의지나 선택에 의한 것이 아니라는데 고민이 있다. 노인이 되어가면서 가장 두려운 것이 치매인 것도 이 때문이다. 이제 장수가 아니라 온전한 정신을 지니고 살다가 곱게 죽고 싶은 것이 현대인의 소망이다.

　아무르, 포스터를 보고 노부부의 이야기를 다룬 영화인가 보다 하는 정도의 생각을 하면서 가벼운 마음으로 표를 사고 들어섰다. 변사체가 발견되는 살벌한 첫 장면과는 달리 다복하게 살아가는 노부부의 생활이 전개된다. 갑자기 부인이 멍하게 있는 등 이상 징후를 보이더니 급기야 뇌 경동맥에 이상이 생겨 치매 증상을 심하게 보인다. 딸은 병원에 보내라 하고 남편은 끝까지 자기가 간호하겠다고 버티며 혼자 감당한다. 부인이 평소에 병원에 보내지 말라고 한 당부를 지키던 남편은 끝내 심해지는 부인을 돌보다 지쳐 발작하는 아내를 순간적으로 목 졸라 죽인다.

　유명한 피아니스트였던 아내에게 연주복을 입혀 곱게 치장한 후 침대에 눕혀 놓고 방문을 테이프로 밀폐하는 치밀한 모습을 보면서도 살인마라든가 완전범죄라든가 하는 고약한 생각이 전혀 들지 않고 그저 담담히 한 노인의 행태를 바라보고 있다. 그 담담함이 오히려 현대의 노인문제를 너무도 적나라하게 보여주고 있어서 그런가 보다. 아내를 죽이는 늙은 남편의 모습을 지켜보면서도 전편을 흐르는 것은 진한 부부애라는 생각을 떨쳐버리기 어렵다. 프랑스영화 특유의 묘한 분위기 속에서 부부, 사랑, 가족, 늙음, 부모, 자식 등 실로 수많은 관계와 상황을 생각하게 하는 영화이다. 내게 허락될 건강 연령은 얼마쯤일까?

2013. 3.

동주

윤동주의 일대기다.

윤동주는 듣기만 해도 가슴 절절해지는 이름이다. 시가 서러워서만도 아니고 삶이 가슴 아파서만도 아니다. 무언지 모를 야릇한 것들이 묘하게 어우러지며 소용돌이처럼 가슴을 밀고 올라오는 그 어떤 것의 정체를 잘 알아내기 힘든 이유는 무엇일까? 어쩌면 이미 다 알고 있어서 잘 모를 것 같다고 하면 지나친 말의 유희가 되려나? 이런 윤동주를 영화로 만들었다니 개봉 날부터 빨리 가보고 싶어 좀이 쑤셨지만 차일피일 며칠이 지났다. 시와 문학에 방점을 찍었을까, 기막힌 삶에 방점을 찍었을까? 고개를 갸웃거리며 상영관에 자리를 찾아 앉았다.

어린 시절의 동주를 그려나가는 것은 예상했고 들어왔던 이야기들의 전개여서 별로 신선하다는 느낌은 들지 않았다. 문학에 심취해가는 과정도 격한 장면이 없어 그런지 좀 밋밋하다는 생각이 들었다. 나라 잃은 백성의 설움이 면면히 이어지며 가슴을 은근히 저며 오기 시작하더니 점점 목을 조였다. 릿교대학의 양심적 일본인 교수의 등장이 인간미를 느끼게 해서 좋으면서도 일본인의 진짜 얼굴이 무엇인지 머리를 혼란스럽게 했다. 한두 번 느끼는 게 아니지만 일본인들을 개인적으로 대할 때와 일본 국민으로서 대할 때의 천양지차를 어떻게 이해해야 할지 알다가도 모를 일이다.

일본인들의 생체실험 등 만행을 직접적으로 강하게 다루지 않은 것이 못내 아쉽다 못해 왜 그렇게 만들었을까, 괘씸하기까지 한 감정을 억누르며 자리를 떴다. 동주, 이 영화는 만든 사람이 고수이고 보는 내가 수준 이하인가? 그렇다면 다행이다.

2017. 5. 23.

4

덕혜
상의원
사도
명량
나랏말싸미
말모이
사랑은 낙엽을 타고
오징어게임
건국전쟁
못난 질투심

덕혜

　나라가 망하는 마당에 겪게 되는 고초가 어디 한둘이랴. 상식적인 일보다 말도 안 되는 일이 더 많이 벌어질 것은 뻔한 일이다. 강제로 맺은 조약이기는 하나 그래도 그 문서에조차 그들은 첫 번으로 한 약속이 조선 왕실의 존엄을 존중한다는 내용이었다. 그러나 뜻을 이루고 난 그들은 제일 먼저 경복궁 근정전을 폐쇄하고 출입문에 나무로 가로로 못질을 하는 일로 왕실 능멸을 시작한다.
　상왕의 신분으로 밀려나 있는 동안 속절없이 나라를 강탈당하고 울분을 못 삭이는 고종에게 뜻밖의 선물이 된 덕혜옹주는 1912년 생이다. 나라를 뺏긴 경술국치 이후 덕수궁에 칩거하던 2년째, 자신의 환갑 해에 궁인

양씨에게서 덕혜를 얻는다.

 영화는 고종이 눈에 넣어도 아프지 않을 덕혜(손예진 분)와 덕수궁 함녕전에서 즐거운 시간을 보내는 장면으로 시작된다. 덕혜를 낳은 후 직첩을 받은 복녕당 양씨와 고종이 덕혜의 짝으로 점 찍은 김장한(박해일 분)이 함께 자리하고 있다. 덕혜의 재롱에 입을 다물지 못하는 고종은 그저 늙은 아버지일 뿐이다.

 청천벽력과도 같이 일본은 일출 소학교(일신초등학교) 5학년생인 13살짜리 덕혜를 일본유학이라는 미명하에 강제로 일본으로 끌고 간다. 어이없이 어린 딸을 적지에 끌려보낸 복녕당은 병을 얻어 이듬해에 이승을 떠난다. 생모의 장례식 참석조차 막은 일본은 그대로 억류를 계속한다. 일본 학습원에 들여보내 놓고 일본인을 만들기에 혈안이 된 그들은 덕혜가 스무 살이 되자 1931년 대마도 번주의 아들인 백작 소 다께유키와 혼인시킨다.

 덕혜는 외동딸 하나를 낳아 기르며 사는데 영화는 난데없이 덕혜를 독립운동가로 둔갑시켜 징용자를 위로하고, 영친왕 탈출 작전에 참여하여 독립운동가들과 탈출을 시도하는 등 역사적 사실과 전혀 다른 줄거리로 진행된다. 김장한이 덕혜의 환국을 위해 애쓰는 이야기 등을 삽입했으나 실제 덕혜의 이야기를 진솔하게 그려내는 줄거리였으면 훨씬 더 좋았을 것 같아 아쉬웠다.

올해가 한일수교 50주년 기념이라고 덕혜의 유품 일부를 돌려받는 등의 일로 해서 덕혜옹주가 시선을 모으는가 보다.

덕혜옹주는 혼인 이듬해인 1932년에 딸 마사에를 낳는데 이때쯤부터 조발성 치매 증상으로 우울증 등이 나타나기 시작한다. 조현병 등의 정신병으로 투병 중에 외동딸마저 잃는데 산지 여행 중에 실종된 것으로 알려져 있기도 하지만 자살했다고 전해진다. 조발성 치매라는 정신병으로 계속 악화되어 1946년부터는 마쓰자와 도립 정신병원에 입원해서 지낸다. 1955년에는 남편이 이혼하고 덕혜를 도쿄의 병원으로 옮기고 유품 일체를 이방자 여사에게 전한다.

조국이 광복되었으나 돌아오지 못하고 이국의 정신병원에서 투병하다가 1962년에야 귀국하여 창덕궁 낙선재에서 살다가 그곳 수강재에서 1989년 4월 21일 한 많은 생을 마감한다. 그의 마지막은 영친왕비 이방자 여사가 지켰다.

실제로 그의 귀국길을 도운 사람이 김을한 기자이다. 덕혜옹주가 누워 있는 곳은 홍유릉의 담장 밖이다. 조선왕릉에서 관리야 하겠지만 마지막 황녀가 돌아와 누운 곳이 왕릉의 담장 밖이니 그것도 처연하다. 영화를 본 소감을 쓰려 했지만 워낙 역사적 사실과 달라 영화 이야기 보다 덕혜의 이야기를 할 수밖에 없이 되었다. 칠순을 넘겨 살았으면 뭐하나 그는 13살을 살고 떠난 셈이다. 나라, 두 글자를 곱씹어 본다. 어찌 걱정하지 않을 수 있겠는가?

2017. 8. 12.

상의원

궁중의 침방이 상의원
그 안의 암투, 배신
의상쇼 같다.
국제시장에 밀려 불운한 영화

침선은 예로부터 여인의 필수 구비 덕목 중의 으뜸이라 할 수 있다. 요즘이야 공장에서 대량으로 만들어져 시장에서 골라가며 옷을 사 입을 수 있는 시대이다 보니 침선이라는 낱말 조차 생소하게 되었다. 아예 1년 내내 바늘 한 번 손에 잡아보지 않고도 무난히 살 수 있는 세상이다. 가족들의 몸을 가려 더위와 추위로부터 보호해야 하는 옷을 오직 아낙네들의 손으로 한 땀 한 땀 떠서 만들어야만 했던 옛날에야 침선이 으뜸 덕목일 수밖에 없었던 것은 지극히 당연한 일이다.

 옷은 예나 지금이나 나름의 철학을 담고 있다. 입을 사람을 생각하며 사랑과 정성을 담아 짓기 때문이다. 이런 옷을 보통 사람도 아닌 임금에게 입혀야 할 경우에는 짓는 이의 마음가짐이나 긴장감이 매우 다를 수밖에 없다. 영화 상의원은 바로 이 임금님의 옷을 짓는 사람들의 이야기이다. 놀라운 것은 그 주인공들이 침방 나인이 아니라 상의원이라는 기구에 속한 남성들이라는 점이다.

 여기서 침선은 이미 곱게 한 땀 한 땀 정성과 사랑을 담아 옷을 짓는 행위가 아니라 출세와 정상에 오르기 위한 암투와 모략의 수단이고 도구일 뿐이다. 다만 그런 어울리지 않는 내용을 상쇄시키기라도 하겠다는 듯 펼쳐지는 호화스런 무대는 전편이 화려한 궁중의상 패션쇼의 연속이라 할 만하다.

 우정도 의리도 헌신짝처럼 버린 주인공 한석규의 열연이 밀도를 높인 영화는 화려한 무대를 위해 바쳐졌을 엄청난 제작비가 무색할 정도로 빛을 보지 못한 것 같다. 배우의 연기력이 모자라서도 아니고 영화가 잘 못 만들어져서도 아닌 것 같다. 문외한의 눈에 잡힌 것은 때를 잘못 만난 개봉 시기였다. 국제시장이라는 영화의 열기에 밀려 어이없이 관객을 놓쳐 버린 불운의 영화가 아닌가 한다.

궁중 침선을 논함에 있어 감히 우리를 빼고 이야기를 벌이다니 천부당만부당하다는 침방나인들의 소리 없는 아우성이 이 영화 성공의 발목을 잡았다는 생각은 망발이려나 모르겠다.

2016. 2. 18.

사도

『한중록』을 처음 대한 것이 여고 1학년 국문학사 시간이었던 것으로 기억한다. 구구절절이 넘쳐흐르는 혜경궁의 한에 16살 소녀는 함께 울고 분노했다. 교과서에서 전편을 다 다루지는 못했을 터이니 극도에 달한 한의 부분만을 접할 수 있는 한계 때문에 더 흐느꼈을지도 모른다.

후에 전편을 읽으면서 난해한 것은 혜경궁의 심사였다. 아니, 그 진심의 정체였다. 어떻게 지아비의 목숨을 손수 거두어 간 시아버지 영조에 대해 그토록 지극한 효성을 바칠 수 있단 말인가? 위선도 한도가 있을 터인데, 거기다가 혜경궁 친정의 태도가 도무지 이해되지 않았다. 이순을 넘기고서야 아들을 위한 일념으로 상배의 아픔을 속으로 삭인 혜경궁의 고도의 정치력을 읽어 낼 수 있었으니 둔해도 한참 둔한 아낙임에 틀림이 없다. 아들을 죽인 인면수심의 영조가 아버지가 아닌, 제왕의 길을 걷기 위한 한 아버지의 고뇌라는 시각으로 접근한 영화 사도가 장안의 화제가 되고 있다.

권력은 부자간에도 나누어 가질 수 없다는 진리를 증명이라도 해 보이는 이야기가 전개되는 사도는 아버지 송강호와 아들 유아인이 연기 대결을 벌인다. 그동안의 접근들과는 달리 부자 갈등요인만이 아니라, 그 갈등으로 인한 사도세자의 일탈이 제왕의 길에 걸림돌이 되기에 그것을 쳐낼 수밖에 없는 영조의 부득이한 선택을 주제로 다루고 있다.

'세상에 아들을 죽이다니 어디 그게 사람이야?'가 아니라 사람마다 마음속에서 영조의 선택을 놓고 나름대로 여러 해석을 할 수 있는 여운을 남기는 것이 이 영화의 강점이 아닌가 한다. 아들의 일탈을 영조에게 고할 수밖에 없었던 어머니 영빈 이씨의 마음을 이해할 수 있을 것 같은 분위기를 만들어 낸 것은 감독의 재능이다.

살기 넘치는 할아버지 영조의 명을 어기고 아비가 갇힌 뒤주 앞에 선 어린 정조가 할아버지의 꾸중에 필사적으로 저항하는 대목에서 관객의 마음을 하나로 묶고 그러는 손자를 대하는 무서운 제왕 영조가 한 할아버지일 수밖에 없는 모습을 보여주는 장면이 가히 이 영화의 클라이맥스라고 한다면 과장일까? 손자에게 보내는 노인의 애정이 자신의 아들에게 보내는 애정이 아니고 무엇이랴.

아들에게 무한히 쏟고 싶었던 아버지의 과도한 사랑이 제 길을 못 찾고 길을 한 번 잘못 들어서면서 영영 흐를 길, 제대로의 물길을 못 찾아 방황하다가 빚어진 희대의 비극 한 편이 사도세자의 이야기라 할 수 있다. 물론 결과적으로 패륜일 수밖에 없는 이 비극적 사실을 놓고 영조가 옳았다고 말할 수는 없지만 그 속에 담긴 인간적 고뇌에 초점을 맞춘 것이 사도의 주제가 아닌가 한다. 가슴 아프면서도 많은 시사점을 던져 준 영화 사도가 여운을 남기는 것은 역사적 진실 여부가 아니라 인간을 조명했다는 점이 아닐까 하는 생각이 머리를 맴돈다.

아버지의 길, 제왕의 길, 더 불행한 사람이 영조일까, 사도세자일까, 착잡한 마음으로 영화관을 나서니 무심한 햇빛만 구슬처럼 쏟아진다.

2016. 2. 18.

명량

– 충은 백성을 향해야

'신에게는 아직 12척의 배가 있나이다.'

초등학교 시절 사회생활 시간에 국사를 접하면서 임진왜란을 공부할 때 선생님의 설명 중 이 대목을 들으며 눈물 글썽거렸던 기억이 아직도 생생하다. 원균이라는 장수가 이순신을 모함하고 엉뚱하게 객기를 부려 그 많은 배와 군사를 다 잃고 빈털터리가 되어버린 바다, 그 암담한 자리에 다시 불려간 이순신 장군은 속상하고 억울해서 죽을 것 같은 심정이었을 것 같았다. 열 살 무렵 어린 마음에는 그랬다. 그럼에도 그의 입에서 나온 말이 이 빌어먹을 원균이 아니라 신에게는 아직도 12척의 배가 있다는 희망찬 목소리를 낼 수 있다니 그는 과연 어떤 장수일까?

어린 마음에도 나약한 선조가 밉고 원균이 바보 같아 분통이 터졌다. 결국은 그 12척으로 백척간두의 위기에서 나라를 구하고 일본군을 완전히 수장시킨 명장 이순신, 오늘까지도 일본 해군이 가장 존경하는 제독으로 받들어 모시며 가르치고 있다는 충무공 이순신 장군. 소설로 영화로 여러 차례 우리 주변에 가까이 다가오곤 했던 그가 이번에는 명량이라는 제호의 영화로 우리 앞에 우뚝 섰다.

일본 장수 와카자카가 한산대첩 패전의 설욕을 외치며 등장하지만 역시 숙적인 이순신을 꺾지 못하고 또다시 완패하는 치욕을 더하고 만다. 이순신에게 어려운 것은 전쟁 자체보다는 조정의 몰이해와 쓸데없는, 아니 백해무익한 논쟁이었다. 절대군주시대 임금의 현명하지 못한 판단에 의한 군 통수권의 폐해를 적나라하게 보여주는 한 편의 영화라 해도 과언이 아니다.

아들을 등장시켜 속마음을 말하게 하는 시도는 참신했다. 장수에게 충(忠)은 생명이고 그 충은 백성을 향한 것이어야 한다는 대사는 가슴을 섬뜩하게 하면서 후련하게 했다. 바로 저런 점을 간파해서 선조가 그다지도 이순신을 경계했을까? 그렇다면 선조는 그 부분에서만큼은 왕권수호를 위한 동물적 감각의 소유자라고 극찬

할 만하다는 객쩍은 생각이 들기도 했다. 승전을 위해 통수권자의 명령이라도 어길 수밖에 없고 그것이 백성을 구하는 길이기에 부득이했다는 이순신의 소신은 발원지가 충이라니 가슴이 뻥 뚫리는 순간이 아닐 수 없다.

 16세기 절대군주 시대를 사는 한 장수가 이 정도의 소신을 갖고 전쟁에 임하며 나라를 지켰기에 우리가 지금 이렇게 당당히 나라를 세우고 세계 속에 우뚝 서 있을 수 있다고 생각하니 코끝이 시큰해지며 뜨거운 물줄기가 볼을 타고 내린다. 순식간에 천만 관객을 불러 모은 쾌거를 이룰 만한 영화 한 편이다. 우리가 살아가는 동안 없어진 백 척보다 아직 남은 열두 척을 생각하고 자신감을 갖는 지혜를 배운다면 비할 것 없는 보배를 얻음이 아닐까?

 살고자 하면 죽고 죽고자 하면 산다는 이순신의 명언을 곱씹으며 영화관을 나선다. 그동안 단 한 번이라도 이렇게 치열한 자세로 삶을 마주해 본 적이 있던가? 없다. 그러면 앞으로 그렇게 살 각오는 됐는가? 아니 그것도 없다. 지금까지 밥이라도 제대로 먹고 살아온 것이 아무래도 조상의 음덕임이 분명하다. 이런 주제에 누구에게 잘하느니 못하느니 손가락질 할까보냐, 내가 못하겠으면 그저 조용히 살 일이다. 수중에 없는 것을 안타까워하느라 허송하지 말고 아직 내게 있는 보배가 무엇인지 찾아 갈고 닦을 궁리나 해 볼 일이다. 그것이 바로 현대판 충(忠)일 수 있을 테니까. 갈고 닦은 결과물이 유익한 것일 때 그것은 바로 국민을 위하는 일이 아니겠는가? 이순신 장군의 충을 조금은 가슴으로 알 것 같기도 하다.

2016. 2. 18.

나랏말싸미

　사람이 말만 하고 글자로 의사표시를 할 수 없다면 어떻게 살아가고 있을까? 인류 전체가 그렇다면 또 그런대로 거기 맞는 질서와 문화를 이루어 가면서 살아가겠지만 다른 나라 사람들은 모두 자기들 말에 문자가 있어 말과 문자 양쪽의 의사표시를 자유자재로 하고 사는데 우리만 남의 나라 글자를 빌어 우리말을 표시해야 한다면 얼마나 불편할까? 게다가 그 글자라는 것이 어렵고 배우기 힘들다면 더 고역이 아닐 수 없을 일이다. 우리를 그 고역에서 구원하신 분이 바로 세종대왕이시다.
　역사의 기록은 세종대왕이 집현전 학사들을 데리고 우리글, 그 대단한 한글 스물여덟 글자를 만드셨고 드디어 훈민정음으로 반포하셨다. 그 과정에 중신인 유학자들의 극렬한 반대에 부딪혀 한나라의 제왕이 하는 일을 숨겨가며 무슨 비밀작전처럼 해 나간 일들을 역사는 전해주고 있다.

정사인 조선왕조실록의 기록과 맞지 않는 부분이 많다고 입방아에 오르기는 했지만, 한글 창제에 관련된 영화라기에 나랏말싸미를 보러 갔다. 그것조차 안 하면서 편한 한글을 그대로 쓰고 앉아있기는 양심상 마음이 무거워서였다. 한글에 대한 관심이 많았지만, 그저 그렇게 지내왔다. 국제펜한국본부의 중책을 맡고부터 세계한글작가대회를 개최하게 되니 책임감이 무거워지면서 한글에 대해 바짝 신경을 쓰게 되었다.

한글 창제에 열을 올릴 만큼 올리다가 실의에 빠져있을 무렵, 일본인들이 팔만대장경 경판을 넘겨달라고 사신을 보내오는 장면으로 영화는 시작된다. 역사를 배우는 동안 듣도 보도 못했던 일이라 역사의 왜곡인지 어떤지 속이 상했지만 일단 영화니까 그런대로 보기로 했다. 거기서 발단이 되어 해인사의 승려 신미가 입궐하고 세종대왕의 요청으로 한글 창제에 참여하게 된다. 소리글자인 산스크리트어를 구사하는 어린 승려들과 함께 한글을 만들어 나가는 임금 세종의 모습은 진지하다 못해 그 시대 제왕의 모습들이 아닌 것 같아 고개가 갸우뚱해질 지경이다. 영화를 보는 동안 대단한 감동을 받아 글을 쓰기 시작했는데 이렇게 둔필일지는 미처 상상하지 못해 속이 답답하다. 그 감동의 한 구석도 전하지 못하고 있기 때문이다.

집현전 학사들과 수년간에 걸친 엄청난 연구가 바탕이 되었기에 세종의 과학적인 접근이 가능했지만 영화를 얼핏 보아서는 그 부분이 폄하된 것 같은 기분이 든다. 축적된 자료인 서책들을 내버리는 장면들이 그런 기분을 주기는 하지만 극적 효과를 위한 영화의 기교로 보아 넘겼다. 소헌왕후의 역할은 내조를 넘어 동역자의 수준이다. 게다가 새 글자의 보급에는 개척자이며 일등공신이라 할 수 있다. 궁녀들에게 가르치고 널리 펴게 권장했으니 말이다. 궁녀들에게 새 글자를 잘 배워서 쓰라는 훈시는 조선 초기의 여인이 아니라 21세기 여성운동가의 말 못지않은 수준이다.

억불숭유의 개국정신을 가진 조선 초기에 왕궁에 승려를 들이고 그것도 여러 명을 왕비의 침전인 교태전에 기거하게 하면서 일을 진행시켰다는 전개는 역사 왜곡이라고 질타 받을 만도 하지만 일단 그렇게까지 해서 승려들을 데리고 세종은 오매불망 소원하던 소리글자

스물여덟 자를 창제하기에 이른다. 어린 승려들과 더불어 산스크리트어를 발판으로 해서 한 글자씩 형태를 잡아 나가다가 그동안 축적된 세종의 과학적인 언어학적 접근이 빛을 발하면서 한 글자씩 만들어지는 과정을 그려나가는 영화의 솜씨는 탁월하다.

승려 신미의 도를 넘는 직언과 심지어 대왕과 맞장을 뜨는 대사의 구현 등은 현실감을 잃게 할 정도이지만 톡톡 튀는 맛이 현대인의 감각을 잘 건드리고 있다. 그것이 대왕 세종의 진면목을 더 강하게 인식시키는 주효한 역할을 하고 있음은 말할 것도 없다. 백성을 위해 새 글자를 만들어 쉽게 쓰고 살게 함으로써 사람답게 사는 백성을 만들겠다는 임금의 충정과 불자들에게 쉽게 불경을 읽을 수 있게 새 글자를 만들겠다는 승려 신미의 뜻이 합해져 그야말로 합심하여 선을 이루어 나가는 과정을 지켜보는 것은 즐거운 시간이다.

중간중간 신료들이 임금에게 항의하는 장면들은 조선이 왕권 국가이지만 매우 민주적인 견제 장치를 갖는 신료국가였다는 일면을 잘 보여주고 있기도 한다. 소헌왕후와 세종 임금의 금슬이 매우 좋았던 것은 이미 알려진 일인데 목욕실 장면은 자연스럽게 어린 시절 신혼 초를 얘기하면서 물장난을 치는 모습으로 관객에게 푸근한 마음으로 부부애를 같이 회상해 볼 수 있는 선물을 안겨주고 있다.

새 글자를 완성하자 이제 유자인 신료들에게 넘겨 격식을 차리고 그들에게 창제의 공을 돌려주자는 세종의 설득을 어렵게 받아들인 신미는 할 말을 다 하고 조용히 떠난다. 새 글자 창제에 대한 과정과 결과를 한 권의 책으로 엮고 반포하기에 이르지만 신료들은 여전히 반대한다. 누구나 쉽게 글을 알면 오히려 나라를 지탱하기 어렵다는 게 그들의 논리다. 백성 우민화가 집권자에게는 유리하다는 기득권적 논리다. 게다가 명나라에 대한 도전이라고 보는 사대사상이 한 몫 단단히 하고 있다. 정사에서도 훗날 최만리를 비롯한 유생들의 극렬한 반대가 계속되는 것을 우리는 역사에서 이미 배워 알고 있는 일이다.

신미는 '복숭아에 씨앗이 몇 개인지는 다 알고 있지만 그 복숭아 하나가 얼마의 복숭아를 열리게 할지는 아무도 모른다.'라는 말로 세종의 새 글자 창제가 지닌 엄청난 뜻을 칭송하고 세종 앞을 물러나 떠난다. 신미는 그동안 불교의 억압을 풀어보려고 여러 가지 노력을 하지만 큰 성과를 얻지는 못한다. 하지만 궁궐 안에 내불당을 세우고 도성 안에 절을 짓게 한 결과를 얻어냈으니 그의 종교적 목적도 뜻을 이룬 셈이다.

당뇨와 안질에 시달리면서도 새 글자 창제를 위해 혼신의 힘을 다 바치는 임금 세종을 보면서 우리가 오늘날 한글을 대접하는 품새가 심히 부끄러워 작은 분노가 가슴을 밀고 올라온다. 무분별한 외래어의 남용과 신조어의 난무, 이러다가는 한글은 토씨만 남게 생긴 위기의식을 느끼면서도 자신도 모르게 그런 언어들을 입에 달고 사는 현실은 무슨 모순이란 말인가?

극장을 나와 차 한 잔을 마시러 가잔다. 찻집이 아닌 커피숍이라는 데를 들어가며 입맛이 씁쓸해진다. 예전에는 그래도 장미 커피숍이라는 정도는 됐는데 이제는 아예 통째로 외래 이름이고 그 연쇄점들이다. 이것도 체인점이라 해야 잘 알아듣고 세련돼 보인다 하는 세상을 살아가고 있다. 그러면서 군소리 한마디 안 하고 차를 꼴깍거리고 잘 마신다.

2021. 8.

말모이

　사람의 운명은 아무도 모른다. 종교에 따라 다르게 설명하겠지만 아무튼 세상에 올 때 자신은 모르지만 너는 세상에 나가서 어떤 일을 하고 오라는 명령을 몸에 지니고 태어나는 것이 아닐까 하는 생각을 살면서 자주 하게 된다. 전혀 예기치 못한 일로 자신의 진로가 뒤바뀌는 경우를 당하거나 보게 되면서 강하게 일어나는 생각이고 생에 대한 물음이다. 그것과 쌍벽을 이루는 생각이 강한 집념으로 어떤 일에 몰입하다 보면 결국 어떤 경로를 통해서라도 그 뜻이 이루어진다는 교훈이다. 물론 모든 사람들이 소원을 다 이루고 살다 가는 것은 아니지만 정성껏 한 가지 일에 몰입하면 전혀 무망할 것 같던 일이 믿어지지 않을 정도로 쉽게 풀리면서 뜻을 이루게 된다. 그것이 인생이다.

　김판수는 동양극장에서 4면 간판을 짊어지고 상영되고 있는 영화나 연극의 선전대사를 변사조로 읊어대며 밥을 먹고 사는 밑바닥 인생이다. 때로는 소매치기도 하고 싸움질도 할 수밖에 없는 입장에서 감옥소도 들락거리고 나온 건달이라 할 수 있다. 그런 그가 귀하게 수집된 한글 말모이 원고 가방을 들고 서울역에 내린 조선어학회의 류정환에게서 그 가방을 돈 좀 들어 있어 보인다고 판단하고 날치기 하는 데서 인연이 시작된다.

　류정환은 조선어학회 대표로서 서점을 열어놓고 일제의 눈을 속여 그 지하에서 조선어학회의 숙원사업인 말모이를 출판하기 위한 비밀 작업을 진행시키고 있었다. 그의 아버지는 친일로 변절하여 경성제일중학교 이사장을 맡고 있으면서 아들에게 창씨개명을 요구하고 조선어학회 일에서 손을 뗄 것을 권유하고 있는 실정이다. 물론 일제의 집요한 강박에 의한 것임은 말할 것도 없다. 김판수의 아들은 바로 그 경성제일중학교의 학생으로 재학 중인데 등록금을 못 내서 집으로 쫓겨오며 독촉기일 안에 등록금을 못 내면 퇴학당하게 된다는 협박을 받고 있는 중이다. 어린 여동생 순이를 아끼며 어머니의 역할을 하고 있는 오빠이기도 하다.

조선어학회에서는 말모이를 출간하기 위한 준비에 막바지 힘을 쏟고 있는 중에 여러 가지로 잡일을 도울 사람이 필요하게 된다. 이에 조 선생이 김판수를 찾아와 어렵게 설득해서 직원으로 천거한다. 그가 사무실에 온 첫날 그를 알아본 류정환은 기가 막혀 이런 사람은 안 된다며 그간의 일을 얘기하고 당장에 사무실에서 나가라고 일갈한다. 김판수의 사과와 조 선생의 설득으로 김판수는 사무실에서 일을 돕게 된다. 글자도 모르는 그가 그야말로 이 일 저 일 닥치는 대로 안팎의 어려운 일을 감당해 나가면서 류정환의 벌레 씹은 얼굴이 조금씩 펴지기 시작하고 요긴하게 역할을 해 나가는 과정에서 그가 글을 모른다는 것을 알게 된 류정환이 글 깨우치기를 숙제로 내고 열심히 공부한 덕에 김판수가 한글을 깨쳐 나가는 과정이 인상적이고 연기 또한 일품이다.

일제의 조선어학회 말모이 출간 무산 작전은 더욱 목을 조여오고 긴박하게 준비를 진행해 가는 과정에 사투리를 모으기 위한 여러 작업과 김판수가 그가 아는 건달들을 모아 와서 사투리를 수집하는 장면은 약간 희화적이지만 가슴을 먹먹하게 하는 장면이다. 이렇게 혼신의 힘을 다해 조선어학회 일을 하는 김판수에게 아들이 그 일을 그만두라고 말한다. 아버지가 그 일 하는 것을 학교에서 알면 자기는 징병에 끌려 나가고 순이는 어떻게 되겠느냐며 아버지가 이제 감옥 안 간다고 약속했지 않느냐고 울먹인다.

조선어학회가 발행하는 한글이라는 잡지에 사투리 수집을 공고하지만 단 한 통의 답신이 없자 모두들 크게 실망한다. 하지만 얼마 후 한 우체부의 은밀한 신고로 그들이 숨겨놓은 전국으로부터의 답신을 김판수의 사람들에 의해 야밤에 우체국 창고로부터 운반해 오는 장면은 현실감이 없어 보이지만 감동적이었다. 배달을 못하게 하면서 조선총독부로 가져 오라는 지시를 어기고 일부만 보내고 모두 창고에 숨겨두었다가 알린다는 그 직원은 고맙다는 말에 나도 조선 사람 아니냐며 회심의 미소를 짓는 장면은 가슴을 뜨겁게 했다. 이렇게 모아 온 사투리의 정리를 끝내고 표준어를 정하기 위한 전국의 조선어 교사 모임의 공청회를 준비하며 영화는 막바지를 향해 치닫는다.

아내가 서대문 형무소에 수감 중인 조선어학회 직원을 회유하고 아내를 살려준다는 감언이설로 협박한 일제가 조선어학회의 모든 일을 알아내고 급습하여 모든 자료를 말살해 버리고 가져간다. 실의에 찬 조선어학회에 일제에 의해 유명을 달리 한 조 선생의 부인이 찾아온다. 남편이 밤마다 퇴근하면 밤을 새워, 수집한 사투리들의 원고를 필사해서 그 복사본을 장독에 숨겨놓았다는 것이 아닌가? 그 원고를 가지고 모든 준비를 진행하여 드디어 공청회를 개최하게 되었다. 화동교당에서 시작된 공청회는 조선어학회가 일제 권유대로 친일단체에 가입하게 됨을 밝히면서 친일 할 것과 함께 하자는 권유의 류정환 대표 연설로 장식되었다.

이렇게 일제의 눈을 속이고 그날 밤 동양극장에서 김판수의 준비로 조선어 교사들의 표준어 선정 공청회가 진행되었다. 순조롭게 진행되는 것을 지켜보며 회심의 미소를 짓고 있던 김판수가 아들의 연락을 받고 잠깐 극장을 떠난다. 아들은 아버지에게 순이가 아프다며 집으로 가자 하고 일이 다급해졌음을 알게 된 김판수는 아들의 만류를 무릅쓰고 극장으로 달려 들어가 위기에 대처한다. 공청회가 거의 끝날 무렵 일제가 들이닥쳐 문을 부수고 들어섰을 때는 이미 김판수의 필사적인 방어 덕택으로 원고 뭉치가 든 가방을 들고 김판수와 류정환이 필사의 탈출을 한 후였다. 류정환을 잡았으나 그가 껴안고 뛴 가방은 베개였다. 김판수가 곡예 같은 탈주를 계속하여 잡힐 위기에 처하자 어느 창고의 문을 겨우 열고 그 안에 던져 버린 후 한동안 더 달리다가 총격에 쓰러진다.

 광복이 되고 류정환이 다시 조선어학회 사무실 간판을 걸었으나 말모이 원고를 찾지 못해 아쉬워하고 있을 때 극적인 제보로 서울역의 어느 창고에서 말모이 원고 가방을 되찾게 된다. 그 가방 위로 다른 짐들이 많이 쌓여 있었다는 게 그들의 설명이었다. 하늘이 무심치 않아 원고를 되찾은 조선어학회는 드디어 우리나라 최초의 말모이를 발간해 세상에 내놓게 된다. 1910년에 주시경 선생이 시작했다가 중단되고 그 후 조선어학회에 의해 13년에 걸친 끈질긴 작업과 노력 끝에 드디어 세상에 나온 말모이, 우리나라 최초의 우리말 사전 '조선말 큰 사전'이다.

 너무나 가슴 벅찬 이야기라 영화 줄거리를 써버린 글이 되었다. 처음부터 영화 평론이 아니었지만 줄거리 요약이 목적도 아니었다. 김판수와 류정환의 인연과 보기도 싫었던 사이가 동지애를 갖는 관계로 변해가는 과정 등 인간애가 잘 녹아있는 영화의 진수를 말하고 싶었다. 무엇보다도 중요하게 말하고 싶었던 것은 역사의 힘이다. 하늘의 도움이 없었으면 우리말이 온전히 지켜질 수 없었던 것과 우리나라의 풍전등화 같은 당시의 실상들이 가슴을 후비는 그런 영화이다.

말을 잃지 않는 민족은 언젠가는 다시 살아날 수 있지만 말을 잃어버린 민족은 다시 살아나지 못한다는 것은 역시 진리였다. 우리의 얼을 없애기 위해 우리말 말살을 위해 그토록 처절한 핍박을 감행했던 일제의 정책 목표는 맞았던 것이다. 다만 남의 나라를 힘으로 먹어치우는 만행을 하늘은 결코 용납하지 않으신다는 만고불변의 진리를 도외시하고 자신들의 탐욕에 눈이 멀었던 어리석음을 그때는 몰랐던 것이 그들의 패착이요 오만이었다. 역사는 정직하고 하늘은 스스로 돕는 자를 도우신다. 그리고 매사 지성이면 감천이다. 류정환(윤계상)이나 김판수(유해진)나 지위는 다르지만 역사가 지워준 일을 잘 감당해냈음에는 다름이 없다고 본다. 이렇게 목숨 걸고 지켜낸 우리말, 우리글을 우리는 과연 얼마나 융숭하게 대접하고 있는지 자문하며 영화관을 나서는 발걸음이 경쾌하지 못함은 무어라 설명해야 할지 마음이 무겁다. 유해진의 연기가 너무 뛰어나 다른 것들이 가려진 느낌이다.

2021. 8. 21.

사랑은 낙엽을 타고

　사랑은 뜨겁게 하는 것이란 선입견을 완전히 깨 버린 영화 한 편이다. 핀란드 영화라 북극답게 사람들의 생각도 덜 뜨거운가? 하는 객쩍은 생각을 하게 된다. 그런데 전혀 뜨거운 것 같지 않은 사랑 이야기를 아주 담박하게 담아낸 지나치게 조촐한 화면들이 가슴을 조용히 적셔온다는 것이 이상했을 무렵 영화는 끝난다. 복잡할 것도 없는 줄거리에 다양한 것과는 거리가 먼 아주 단출한 장면들과 배경들이 가난한 노동자인 두 남녀가 아주 우연히 그리고 또 필연적인 것처럼 엇갈리고 만나면서 마음을 묵직하게 잡아끄는 것은 무슨 이유일까?

　사람이 사람을 좋아할 수 있는 것은 조건도 아니고

외모도 아니고 어떤 명분이나 이유하고는 전혀 상관이 없는 끌림이라는 것을 조용히 가르쳐준 영화 한 편이 아닌가 싶다. 꽃피는 아름다운 동산에서가 아니라 사랑은 쓸쓸한 낙엽을 타고서야 비로소 찾아오는 것이 아닐는지 모를 일이다.

2024. 1

오징어게임

예술이라는 이름으로 인간이 허락받은 도덕성의 한계가 어디쯤일까? 그 분야에 대한 전문적 식견이 높지도 않고 특별히 공부한 것도 아닌 문외한이 왜 이런 엄청난 담론을 건드리는 걸까? 그야말로 가만히 있으면 중간이나 갈 일을 무엇 하러 긁어 부스럼을 만들려 하는지 알다가도 모를 일이다. 소설에서도 있었던 일이지만 영화에서의 잔인한 장면이나 내용이 문제 된 것은 어제 오늘의 일이 아니다. 그러나 예전에는 어쩌다 그런 작품이 있거나 그런 장면이 있으면 그에 대한 혐오로 흥행에 성공하기 힘들어서 자연도태 되기도 했다.

예전에 양철북인가 하는 영화가 잘 된 영화라 하지만 좀 잔인한 게 흠이라고 해서, 그런 이유로 보지 않고 있다가 출강하던 학교의 축제 기간에 학생들에 떠밀려 들어갔다가 금세 뛰쳐나온 기억이 있다. 그런 유의 영화들은 아예 관심 밖으로 하고 영화를 꽤 자주 보러 다니는 편인데 아직도 그런 낯가림이 심한 편이다. 오징어게임이라는 영화가 전 세계적인 관심의 태풍권에 들어갔다고 난리들을 치는데 그 내용이 하도 황당하여 끔찍할 것 같아 애써 관심을 누르고 있었다.

졸지에 다리를 다쳐 두문불출하게 되어 시간을 보내려고 집에서 그 영화를 보았다. 우리 어린 시절 하고 놀던 놀이들을 가지고 게임의 기본을 깔아서 묘한 정감을 자아내게 했다. 처음 이야기 '무궁화꽃이 피었습니다'는 화면에서 눈을 뗄 수도 없고 안 뗄 수도 없는 그런 심경이었다.

여러 가지 이유로 빚에 쫓기게 된 사람들을 상대로 게임에 이기면 거액의 상금을 주어 당신을 구할 수 있다는 꼬임수를 써서 희망자를 모아들인다. 세상에 그 게임이라는 것이 지면 죽임을 당하는 것이니 기가 막힐 노릇이 아닌가? 아니 말이 되는 일인가 말이다. 포기하고 풀려나온 사람들이 바깥세상에 나와 대면한 현실은 어쩌면 죽음보다 못하다는 생각에 이를 정도로 처절한 것들이다. 그래서 그들은 다시 그 게임에 지원해서 들어

간다.

어린 시절 낭만적으로 추억되는 술래잡기의 대명사격인 무궁화꽃이 피었습니다를 외치는 동안에만 움직이고 그 소리가 멈추면 즉각 동작을 멈춰야지 아니면 그냥 총알이 날아와 목숨을 앗아가는 게임이다. 전체 상금에서 죽는 숫자만큼 1인분씩의 상금이 공중에 매달린 돼지 저금통에 쏟아져 내려오고 살아남은 참가자들은 그것을 보면서 예정된 사지로 몰려들어간다.

그래도 이 게임은 자신의 힘으로 생과 사를 결정할 수 있다. 정신 똑바로 챙겨서 진행자의 말이 끝나는 순간 동작을 잘 멈추기만 하며 죽지 않아도 되니까 말이다. 그다음으로 이어지는 이야기들의 게임은 자신의 의지나 노력과 상관없이 그야말로 운과 기회와 인간 한계의 냉혹성과 인간이 선악 간에 얼마나 나약한 존재인가를 절감케 하는 내용들로 꾸려진다.

팀을 짜서 하는 게임을 통해서는 자신의 능력만으로 세상을 살아가는 것이 아님을 보여주며 나름대로 인간성의 문제도 좀 긍정적으로 다루는 듯하면서 독자의 공감대에 신경을 쓰기도 한다. 하지만 이야기가 전개되고 게임 방법들을 교묘하게 끌고 가는데 그 게임 방법은 아주 전통적인 우리 어릴 적 하고 놀던 놀이 방법들을 가져오고 있다는 게 기막히면서도 영화로서의 밀도를 높여 주고 있는 면에서는 박수를 아니 보낼 수 없다.

 진전되는 게임 속에서 인간의 한계상황과 사람일 수 있는 한계점이 어디인가 의심하게 하는 처절한 심경에 관객을 몰아넣는데 영화는 성공하고 있다. 결국 모두가 다 죽고 마지막에 남은 기훈(이정재 분)은 살아 나오고 상금 거액은 통장에 입금된다. 기진맥진해서 돌아온 집에 이미 돌아가셔 홀로 방치되어 있는 노모의 얼굴을 쓰다듬으며 옆에 함께 눕는 것으로 바뀌는 장면은 압권이다.

 1년이 지난 후 묘한 초청장을 받고 찾아간 곳에 뜻밖에도 함께 게임에 참가해서 사경을 넘던 노인 일남(오영수 분)이 병상에 누워있는 게 아닌가? 그 게임의 창시자였던 그 노인이 정체를 밝히고 한 푼도 돈을 건드리지 않고 있는 기훈에게 그것은 네가 쓸 권리가 있고 쓸 만한 자격이 있다면서 자기들이 그런 게임을 만든 것은 돈을 많이 벌고 나니까 심심하고 어떻게 사람들이 대응하는지 호기심에서 벌인 일이라고 말하고 죽는다. 함께 고생하다 죽은 팀원의 부탁인 동생을 돌봐달라는 약속을 지키기 위해 보육원에서 아이를 찾아온다. 마지막에 자기 손으로 떠나보낸 친구의 어머니에게 한 가방 가득 돈을 채워 아이를 맡기고 미국으로 전처가 데리고 떠난 딸을 만나러 비행기에 오른다.

그 순간 공교롭게 또 그 게임 관련 사람들과 통화를 하게 되고 그대로 그 비행기 타시는 게 좋을 것이라는 말은 듣는 순간 기훈은 발을 돌려 비행기에서 내린다. 그 악의 씨가 살아 있음을 보고 발본색원을 위해 헌신하겠다는 다짐을 하고 있음을 독자들이 마음속으로 극본을 쓰고 있는 사이 영화는 끝난다.

예술이라는 미명으로 인간이 이토록 생명경시의 만행을 장난처럼 그려내는 일이 만행이 아니냐고 물으면 영화를 모르는 아주 무식한 사람이 되려나? 백만 번 무식해도 좋으니 가슴에 손을 얹고 진지하게 생각하는 시간을 우리 모두 가져야 된다고 생각한다. 영화 자체가 우수성을 인정받아 한국이 세계인의 찬사를 받았다지만 입맛이 씁쓰레한 정도가 아니라 통 씁은 맛이다.

2022. 7. 20.

건국전쟁

- 시야를 조금만 넓혔더라면

　사람의 한평생을 조명한다는 것은 아무리 잘해도 본전 찾기가 힘들 것 같다. 세상만사가 다 앞뒤가 있고 장단점이 있고, 높고 낮은 굴곡이 있기 마련이어서 그렇다. 아무리 훌륭한 영웅이라 할지라도 그늘이 있고 실패가 없을 수 없는 게 우리네 사람이다. 그런 면을 잘 생각해서 되도록 완벽에 가깝게 만든다 해도 한계가 있다. 보는 이의 시각에 따라서 해석이 다르기 때문이다. 평전이나 다큐멘터리를 제작할 때는 여러 면에서 고찰하고 되도록 장단점을 고루 다 담아내려는 노력을 기울이는 것이 최우선의 조건이다.
　요즘 건국전쟁이라는 영화가 세인의 관심을 집중시키고 있다. 대한민국의 건국과 6.25한국전쟁을 거쳐 오늘에 이르는 한국 최근현대사를 다룬 영화인데 이승만을 중심으로 역사적 사실을 중심으로 만든 다큐멘터리 영화이다. 주로 실제 상황을 담았던 영상기록물을 중심으로 쓰고 관련 인물들을 전문적 분야에서 고르게 등장시켜 그들의 육성으로 직접 설명하고 실명과 직책까지 밝힘으로써 신뢰도를 높이고 있다.

어려운 여건에서 대한민국을 건국하는 데 성공한 이승만 초대 대통령이 이상하게 폄하되고 있는 현실을 안타깝게 생각한 김덕영 감독이 야심차게 메가폰을 잡고 역사적 사실을 근거자료로 해서 건국영웅 이승만을 제대로 조명해 보겠다는 제작 의도를 갖고 만든 다큐멘터리 영화이다.

4.19로 대통령직을 떠나게 된 이승만을 시작으로 해서 독립운동 시기의 활약상과 건국을 이루어내는 과정과 혼란스러운 해방정국의 우리나라의 난맥상, 6.25전쟁을 치르면서 뚝심과 비상한 외교력으로 위기를 극복하면서 한미동맹을 이끌어 내는 영웅의 모습을 자료 영상과 관련자들의 증언으로 객관성을 살리면서 잘 이끌어 갔다.

가장 인상적인 부분이 너무 잘 시킨 민주주의 교육 덕택에 그 교육을 받고 자란 학생들이 4.19혁명을 일으켜 이승만을 실각시켰다는 부분이었다. 정말 그랬다. 그것으로 미루어 다른 부분들도 사실과 같으리라는 확신 같은 것을 느끼면서 영화 속으로 빨려 들어갔다.

영화를 다 보고 난 후 무언가 모르게 아쉬운 생각에 마음이 흔쾌하지 않았다. 왜 그럴까? 아무리 생각해도 4.19 배경 설명 부분 때문인 것 같다. 3.15부정선거를 말하는 증언자가 하는 말이 이승만은 경쟁자 조병옥이 이미 병사했기 때문에 이미 당선이 확정되었기에 3.15선거는 이승만과 상관이 없는 선거라는 말을 한다. 그것으로 그 부분의 이야기는 끝이다. 이승만의 훌륭함을 부각시키기 위한 면에서 볼 때 그 말이 아주 유효하고 더 이상 다른 말이 필요 없다고 생각했다면 큰 잘못이다. 4.19혁명은 국제적으로도 인정받는 성공한 혁명이고 그 정당성은 헌법전문에 들어감으로써 이미 인정받은 일이다. 그 증언 다음에 3.15부정선거의 실상을 전하는 증언이 있어야 온전한 다큐물로서의 위상이 더 올라가고 그야말로 금상첨화가 되었을 것인데 안타깝게도 그런 시도가 없음이 매우 아쉽다. 이승만의 업적을 알리고 정리하는 것이 목적이어서 그랬으리라고 이해는 된다. 하지만 국민이 그동안 역사를 왜곡시켰다고 분노하는 대상 그들, 자신들이 보고 싶은 것만 보고 말한다고 싫어하는 바로 그 부분의 우를 역시 범하고 있는 부분이어서 안타까운 심정이다.

  좁은 소견일지 모르지만 이승만의 빛나는 업적을 아낌없이 조명하고 대통령이 된 후 장기집권의 수렁으로 빠져드는 1950년대 초기 부산 시절부터의 정치적 파행(?)들을 가감 없이 전함으로써 권력의 속성이 얼마나 사람을 망가지게 하는지를 국민이 판가름할 수 있게 했더라면 더 수준 높은 작품이 되었을 것 같아 매우 아쉬운 마음이다. 어려운 시기에 용기 있게 그동안의 왜곡을 과감하게 파헤친 이번 다큐멘터리 제작은 가히 쾌거라 할 만하다. 뜨거운 응원의 박수를 보내며 좁은 소견을 포용해 주기 바라는 마음 간절하다.

2024. 2. 15.

못난 질투심

　너무 많이 우실 테니 보지 말라는 며느리의 말을 애써 털어내고 친구 손에 이끌려 영화관에 들어선다. 화면 가득 주름진 얼굴이 마음을 심란하게 한다. 마치 몇 년 후 내 모양을 미리 보는 것 같아 유쾌해질 수가 없다. 노인들이 오순도순 살아가는 모습도 살아 본 나머지라 그런지 별로 감동이 오지 않는다. 내가 살았던 시절보다 좀 더 늙었다는 것 외에 별로 신기할 것은 없는 듯하다. 시골살이라 자연친화적이어서 감흥이 새로울 텐데 영 마음이 움직이지 않는다.
　강원도 산골에서 서로 존댓말까지 써 가면서 알콩달콩 살아가는 노부부의 이야기는 진솔하고 감동적인데 마음이 훈훈해지지 않는 연유가 무엇일까? 하나는 몇 년 전에 본 워낭소리라는 영화에서 다 울어버려 그런 것 같다. 그런데 또 하나는 어이없게도 저렇게 늙도록 해로하고 있는 주인공들에 대한 야릇한 질투심이 그 진원이다. 저 사람들은 저토록 저 나이까지 잘만 살고 있는데 무엇이 그리도 급해서 나만 달랑 남겨두고 먼저 가버렸단 말이냐는 원망이 밀고 올라와 속을 부글거리게 하고 있다.

늙은 아내가 남편에게 극진히 하는 모습을 보면서 반성의 생각이 드는 것보다는 아내를 위하는 남편의 모습만이 더 가슴에 와 닿는 것을 보니 얼마나 이기적인가 하는 반성의 마음이 머리를 들고 올라오기도 한다. 하지만 사는 게 다 저런 거지 뭐, 하는 정도의 느낌일 뿐 크게 감동으로 다가오지는 않는다. 순간 내 자신이 무서워졌다. 어째서 이다지도 각박해졌단 말인가?

사랑을 받아야 사랑할 줄 알게 된다는 말이 절실하게 다가온다. 남편의 사랑을 받을 수 없는 아낙의 마음을 채워줄 수 있는 다른 어떤 것이 없어서 이렇게도 바스락거리게 되었다 싶으니 한심하기 그지없다. 일생 동안 많은 사람에게 무던히도 많이 받아온 사랑은 다 어디다 두고 이토록 무뎌졌더란 말인가? 잃어버린 남편의 사랑 이외에도 얼마나 가진 것 누리는 것이 많은데 그런 것들은 전혀 빛을 발하지 못하고 오직 남은 있는데 왜 나에게만 없느냐는 질투심만이 불타는 이런 것이 바로 노추가 아닐까?

정신을 바짝 차려야겠다. 어디까지 추락하려고 벌써부터 이 지경인가? 앞으로 몇 년을 더 살아야 할지 알 수도 없는데 벌써 이렇게 망가지기 시작하면 자칫 구제불능의 사태에 이를지도 모르니 정신 똑바로 차리고 제대로 살자. 눈물이 말라버린 삶은 정말 가련한 것일지도 모른다. 울 수 있는 것이 축복받은 것임을 실감하는 저녁이다. 나는 누리지 못했지만 저 노인은 복도 많아 저렇게 잘 해로하고 있구나 하면서 축하해 주지 못하는 이 좁은 소견의 근원은 무엇인가? 그 정체는 못난 질투심이다. 이것을 떨쳐내지 못하는 한 나는 매우 불행한 노후를 보낼지 모른다. 남이 가진 것을 질투하지 말고 마음껏 축하해 주는 마음을 갖도록 쉬지 말고 최면을 걸자. 나도 아직 행복하다고, 아들도 있고 딸도 있고 손자 손녀도 있고 며느리까지 있노라고, 그래서 더없이 행복하고 감사하다고.

「님아, 그 강을 건너지 마오.」라는 영화 한 편이 가져다준 새해 선물이다.

2015. 1. 19.

오경자

- 전주여고, 고려대 법과대학 졸업
- 이화여대 교육대학원 졸업
- 경제통신사 기자(전)
- 한국여성단체협의회 사무처장(전)
- 장안전문대 겸임교수(전)
- 한국사회교육연구원 원장
- 사법제도개혁 심의위원(전)
- 금융·보험 분쟁조정위원,
- 소비자단체협의회 이사 역임(전)
- 고려대학교, 인천전문대 강사
- 월간 『수필문학』 천료 등단
- 국제PEN한국본부 이사장 권한대행(2024)
- 한국문인협회 회원(전, 감사 이사)
- 한국수필문학가협회 회장(현)
- 한국기독교수필문학회 회장(전). 고문
- 수필문학추천작가회 회장(전) 고문
- 한국크리스천문학가협회 회장(전), 평의원,
- 은평문인협회 회장(전) 고문

- 시문회 회장(전), 고문
- 한국여성문학인회 이사
- 창작수필문인회 회장 역임. 고문
- 고려대학교 평생교육원 수필창작 지도교수
- 한국여성단체협의회 법규위원장, 출판공모위원장 역임
- 한국여성정치문화연구소 이사
- 은평문화원 이사, 은평문화재단 이사(전)
- 국제여성교류협회 이사, 교육프로그램위원장,
- 21세기여성정치연합 부회장
- 수필문학상, GS문학상, 크리스천문학상, 연암문학상,
  원종린문학상, 사임당문학상, 은평문학상 수상,
  올해의 수필인상, 아리수문학상, 대통령 표창(1983), 국민포장(2014)
- 저서(수필집)『바퀴달린 도시』,『느린기차를 타고 싶다』
  『그 해 여름의 자두』,『천년을 웃고 사는 여인』(선집)
  『그렇게는 말 못해』,『아름다운 간격』(공저)
  『토기장이와 질그릇』,『신원확인』,『밤에 열린 광화문』
  『그때는 왜』,『아버지의 꿈』『기다리고 있었나』
  『계단 좀 내다 버려』『그 천사가 내게 왔다면』 외

있어 거기 내가

2024년 11월 25일 초판 인쇄
2024년 11월 30일 초판 발행

지은이 / 오경자
발행인 / 강병욱

발행처 / 도서출판 교음사
편집 / 수필문학사 편집부

03147 서울 종로구 삼일대로 457 수운회관 1308호
Tel (02) 737-7081, 739-7879(Fax)
e-mail : gyoeum@daum.net
등록 / 제2007-000052호

* 잘못된 책은 바꿔 드립니다. 값 15,000원

ISBN 978-89-7814-054-6

- 이 책 내용의 전부 또는 일부를 재사용하려면 저작권자와 교음사의 동의를 받아야 합니다. 지은이와의 협의 하에 인지는 생략합니다.